La rupture amoureuse

Repérer les signes avant-coureurs, surmonter l'épreuve, revivre après son deuil

Groupe Eyrolles
61, bd Saint-Germain
75240 Paris Cedex 05

www.editions-eyrolles.com

Avec la collaboration de Cécile Potel

ISBN : 978-2-212-54988-1

Marcel Bernier
Marie-Hélène Simard

La rupture amoureuse

Repérer les signes avant-coureurs, surmonter l'épreuve, revivre après son deuil

Deuxième tirage 2011

EYROLLES

Également dans la collection « Comprendre et agir » :

Juliette Allais, *Décrypter ses rêves*
Juliette Allais, *La psychogénéalogie*
Juliette Allais, *Au cœur des secrets de famille*
Dr Martin M. Antony, Dr Richard P. Swinson, *Timide ? Ne laissez plus la peur des autres vous gâcher la vie*
Valérie Bergère, *Moi ? Susceptible ? Jamais !*
Jean-Charles Bouchoux, *Les pervers narcissiques*
Sophie Cadalen, *Inventer son couple*
Christophe Carré, *La manipulation au quotidien*
Marie-Joseph Chalvin, *L'estime de soi*
Cécile Chavel, *Les secrets de la joie*
Michèle Declerck, *Le malade malgré lui*
Ann Demarais, Valerie White, *C'est la première impression qui compte*
Sandrine Dury, *Filles de nos mères, mères de nos filles…*
Jean-Michel Fourcade, *Les personnalités limites*
Laurie Hawkes, *La peur de l'Autre*
Jacques Hillion, Ifan Elix, *Passer à l'action*
Lorne Ladner, *Le bonheur passe par les autres*
Lubomir Lamy, *L'amour ne doit rien au hasard*
Lubomir Lamy, *Pourquoi les hommes ne comprennent rien aux femmes…*
Virginie Megglé, *Couper le cordon*
Virginie Megglé, *Face à l'anorexie*
Virginie Megglé, *Entre mère et fils*
Bénédicte Nadaud, Karine Zagaroli, *Surmonter ses complexes*
Ron et Pat Potter-Efron, *Que dit votre colère ?*
Patrick Ange Raoult, *Guérir de ses blessures adolescentes*
Daniel Ravon, *Apprivoiser ses émotions*
Alain Samson, *La chance tu provoqueras*
Alain Samson, *Développer sa résilience*

Dans la série « Les chemins de l'inconscient », dirigée par Saverio Tomasella :

Saverio Tomasella, *Le sentiment d'abandon*
Christine Hardy, Laurence Schifrine, Saverio Tomasella, *Habiter son corps*
Martine Mingant, *Vivre pleinement l'instant*
Gilles Pho, Saverio Tomasella, *Vivre en relation*
Catherine Podguszer, Saverio Tomasella, *Personne n'est parfait !*
Saverio Tomasella, *Oser s'aimer*

Table des matières

DEUXIÈME PARTIE

Faire son deuil et revivre

Remerciements

Merci d'abord à Stéphanie Ricordel des Éditions Eyrolles pour nous avoir recrutés et invités à l'écriture. Merci à Cécile Potel pour sa relecture du manuscrit. Merci à Henri Hamel, directeur du Centre d'aide aux étudiants de l'université Laval pour son ouverture au projet. Merci à Isabelle Héroux, travailleuse sociale à Val-d'Or pour ses suggestions concernant les enfants dont les parents divorcent. Merci à nos conjoints Alain Thibault et Annie Marchildon, pour leur contribution qui s'est entre autres traduite par de nombreuses discussions inspirantes et des fins de soirée libérées pour l'écriture de cet ouvrage. Merci à nos amies, amis, clients et clientes qui, au fil des années, ont partagé avec confiance leurs expériences personnelles, ce qui a enrichi notre réflexion.

Introduction

« Ça y est : c'est fini. Me voilà seule. Après avoir été "deux". Des années de couple réduites en miettes. Il n'en reste que cette douleur et ce vide. Je dois à nouveau affronter l'angoisse de la solitude. Bien sûr, il y a la famille, les amis, les collègues… Mais ce n'est pas pareil. Un couple est unique et rien ne peut le remplacer. Il n'y aura plus cette intimité quotidienne, cette chaleur et ce cadre rassurant qu'apporte la vie à deux. Après les "À ce soir, chérie", je me retrouve seule et nue devant cette montagne dont le sommet est invisible. Cette montagne, qu'il me faudra pourtant bien gravir. Mais comment ?

La séparation ne m'est pas étrangère, je l'ai vécue plusieurs fois déjà. Pourtant, je me trouve face à l'inconnu. Je ne sais comment m'y prendre. Je ne sais pas où j'en suis. Comment en suis-je arrivée là ? J'ai donné le meilleur de moi-même pour construire cette relation, j'ai investi toute mon énergie dans nos projets et j'ai fait tant de sacrifices… J'y croyais vraiment cette fois-ci. Mes efforts n'ont pas suffi. C'est un échec lamentable. Comment deux personnes qui ont tant échangé en arrivent à se faire souffrir ? Deux amoureux qui se rejettent, voilà ce que nous sommes devenus. Un couple uni transformé en deux malades, au cœur brisé. Et il faudra pourtant continuer, travailler et survivre. Mais je ne sais plus comment mettre un pied devant l'autre ! Que dois-je faire pour me remettre de cette rupture sans retourner vers lui ? Je suis incapable d'imaginer le moindre soulagement, encore moins un rétablissement. Et l'idée d'aimer de nouveau me paraît déraisonnable, folle. »

Qu'elle soit subie ou choisie, la rupture est une épreuve qui comporte son lot de souffrances et de combats. Il existe mille façons de tomber amoureux, et autant de ruptures, autant de façons de s'en relever. Il n'y a pas de règles ni de recettes magiques pour s'en sortir. Quant à la souffrance, elle est inévitable. La rupture est partie intégrante de bien des histoires d'amour. Elle survient fréquemment – 30 % à 50 % des couples engagés se séparent un jour – et finit par être perçue comme un événement commun, anodin, presque banal. Mais il n'en est rien. La séparation est identifiée comme l'une des épreuves les plus significatives que l'on traverse dans une vie. Une importante détresse psychologique y est associée et ce n'est pas un hasard si elle fait l'objet majeur de consultation en psychothérapie.

Une multitude de documents et de ressources traitent de la rencontre amoureuse, de la séduction, de la vie conjugale et de la sexualité. Nous consacrerons cet ouvrage entièrement à cette étape redoutée mais parfois inévitable de la vie amoureuse : la rupture. À l'aide d'analyses cliniques et de témoignages, nous explorerons chaque étape de la séparation afin de mieux connaître cette épreuve et d'en amortir les bouleversements grâce à des suggestions concrètes.

Il existe de nombreux facteurs qui fragilisent une relation et conduisent à la séparation. Quelles sont les périodes critiques de la vie de couple ? Existe-t-il des signes avant-coureurs qui indiquent que la relation est en danger ? Quelles sont les principales causes de séparation d'un couple ? Comment prendre une décision éclairée avant de mettre fin définitivement à la relation ? Lorsque notre décision est prise, comment l'annoncer à notre partenaire, aux enfants et à l'entourage ? Dans le cas où nous regrettons notre décision, est-il pertinent de tenter un second départ ? Quelles sont les situations qui empêchent de se séparer complètement ? Comment sortir de l'ambiguïté ?

Nous tenterons de comprendre pourquoi la séparation est source de tant de souffrance. Nous présenterons les étapes à franchir qui s'apparentent à celles du processus de deuil. Des moyens concrets pour y faire face seront suggérés. Enfin, nous poserons un regard sur les liens à maintenir avec l'ex-partenaire et proposerons des points de repère pour évaluer notre aptitude à nous engager à nouveau.

Si l'amour donne et prend, la peine d'amour prend, puis donne. Il y a des parcours plus faciles que d'autres pour traverser cette épreuve. Au-delà de la perception de la solitude, il existe des outils, des repères, de la lumière ainsi que de l'aide. Plus tard et peut-être plus tôt qu'on ne le pense, il y aura un sommet, une fin. La rupture amoureuse est une expérience qui permet de grandir et de changer. Avec, de l'autre côté, la perspective d'être libre et d'aimer, encore.

Première partie

Des signes avant-coureurs de la rupture à une gestion de crise

Quand naît la rupture ? Au moment où l'on se sépare ou avant, lors de nos disputes, de nos impasses, de nos pensées sombres, de nos tristesses et de nos colères ? Bien sûr, le choix de ne plus poursuivre une relation est un processus lent, progressif. Les problèmes, les insatisfactions et les embûches en sont autant de signes précurseurs. Certaines de ces épreuves vont favoriser une confrontation puis un rapprochement des partenaires. Par la suite, les difficultés conjugales génèrent actions et discussions qui constituent des tentatives de solutions pour sauver le couple. Mais souvent, après plusieurs déceptions, lorsque les insatisfactions se répètent, le silence commence à nous séparer de notre moitié, cédant la place à un nouveau dialogue avec nous-mêmes.

« Nous ne pouvons plus continuer ainsi. Je ne me sens pas bien du tout. Et je suis certaine que c'est pareil pour lui. Je ne vois pas d'autre issue que la rupture. Est-ce qu'il est trop tard ? Y a-t-il un espoir, une raison de se rapprocher à nouveau ? Je vais devoir lui parler, mais justement c'est devenu pénible de communiquer. Suis-je vraiment décidée ? Comment en sommes-nous arrivés là ? »

Nous cherchons tous à être heureux et ceux et celles qui vivent en couple placent celui-ci au premier plan de leur bonheur. Quand ils estiment qu'au contraire, leur union les rend malheureux, il est naturel pour eux d'envisager la séparation… Comment, alors, annoncer cette décision ?

Chapitre 1

Les périodes critiques de la relation

Plusieurs raisons peuvent expliquer ou provoquer une rupture. Quand un couple de notre entourage se sépare, nous interprétons facilement les causes de leur rupture, tant celles-ci nous semblent claires, vues de l'extérieur. *« Elle n'était pas faite pour lui »*, *« Ils se disputaient sans arrêt »*, *« Il ne voulait pas d'enfants »*, *« Il consacrait tout son temps à sa carrière »*, etc. Pour les protagonistes concernés, pourtant, repérer l'origine de leur séparation s'avère plus compliqué.

Pour ce faire, il convient d'abord de définir ce qu'est le couple. Un couple se compose de deux êtres distincts qui ont chacun leur personnalité, leur passé et leurs besoins affectifs respectifs. Ainsi, avant d'être un conjoint ou une conjointe, nous sommes une personne et nous bâtissons notre vie adulte selon différentes étapes. Parallèlement à cette construction personnelle, nous évoluons dans notre couple, qui comporte lui aussi diverses phases d'élaboration, plus ou moins simples à traverser. Ces périodes de la vie personnelle et conjugale peuvent fragiliser l'union des partenaires, notamment si elles s'accompagnent de perturbations supplémentaires…

Des passages délicats de la vie adulte

Notre société offre aujourd'hui une panoplie de modèles de vie adulte. Ainsi, nous pouvons choisir d'être un couple sans enfants, de demeurer célibataires, d'être femmes au foyer, de mener une carrière professionnelle, d'être un couple homosexuel, ou encore de démarrer une carrière tardive, voire de reprendre nos études à la quarantaine… Tout est permis !

En dépit de ce large éventail qui nous est proposé, force est de constater que la plupart d'entre nous construisent leur vie adulte selon certaines grandes étapes générales. Les périodes de transition qui composent ces étapes nourrissent souvent des remises en question personnelles, qui mettent parfois en péril la relation amoureuse. Voyons lesquelles…

À vingt ans, nous explorons…

À partir de vingt ans environ, nous entrons dans le monde adulte. Gouvernés par nos idéaux, nous rêvons à notre vie future et les questions affluent. Quelle ou quel partenaire m'attire ? Quelle profession me convient le mieux ? Ai-je envie de fonder une famille un jour ? Pour trouver réponses à nos questions, nous partons en exploration et faisons souvent, dans cette période de découverte, des choix provisoires. Les premières expériences amoureuses sont suivies des premières ruptures significatives, car nos aspirations personnelles ne concordent pas toujours avec celles du couple.

En effet, nous sommes appelés à prendre des décisions cruciales bien avant d'avoir la connaissance, le jugement et la compréhension de nous-mêmes nécessaires pour choisir avec sagesse et discernement. C'est sans doute pour ces raisons que certains d'entre nous préfèrent attendre et restent indécis à cette époque de la vie adulte.

À trente ans, nous nous engageons…

Entre vingt-huit et trente-trois ans, bien souvent, nous réalisons concrètement les objectifs que nous nous sommes fixés. Il s'agit d'une période d'immersion très active où nous expérimentons l'engagement et la vie à deux – cohabitation, venue du premier enfant puis cadence boulot-métro-biberon-dodo… Un rythme effréné qui peut fragiliser notre couple par les tensions et le manque de recul qu'il engendre.

Par ailleurs, le désir de fonder une famille peut susciter une crise chez certains couples. La femme sent l'urgence d'avoir un enfant – horloge biologique –, ce qui peut effrayer le partenaire, qui ne se sent pas prêt à devenir père. L'inverse s'observe aussi. Certaines femmes ne ressentent pas le désir d'être mères et le conjoint en est déçu.

L'engagement, c'est-à-dire le désir de partager des projets et des valeurs et d'exprimer à l'autre le rôle important qu'il joue dans notre vie, fait peur à certains d'entre nous. Cette peur devient parfois une raison que l'on invoque pour mettre fin à la relation : « Je ne suis pas prêt à te consacrer tout mon temps et à faire ces sacrifices. »

À quarante ans, nous doutons…

Après l'étape d'expérimentation, nous arrivons au milieu de notre vie, environ de 40 à 65 ans. L'adulte que nous sommes se trouve de nouveau confronté à la nécessité de modifier ou de remettre au goût du jour son rêve de vie. Il reconsidère son travail, réévalue sa relation amoureuse et son style de vie. « Mon métier me convient-il ? Est-ce que je travaille trop ? Est-ce que ma relation a un sens ? » sont autant de questions que nous sommes amenés à nous poser.

Cette période de deuil, qui nous invite à perdre certaines illusions, fragilise parfois notre couple et ses fondements. Nous nous sentons à la fois jeune et vieux. Il nous reste encore du temps pour réaliser d'autres rêves et l'avantage d'avoir acquis assez d'expérience de vie pour mieux nous connaître. De plus, le désir de laisser notre trace se fait plus pressant avec la prise de conscience de notre propre mort. Cette période, lorsque nous parvenons à la traverser, débouche sur une meilleure connaissance de nous-mêmes, une plus grande maturité.

Au-delà, nous vieillissons

Cette phase est décrite comme plus stable en général et nous permet de réaliser nos nouvelles aspirations, comme un changement de carrière.

Pour les parents, cette phase post-parentale correspond au moment où le dernier enfant quitte la maison. C'est l'occasion pour le couple de réorganiser les places de chacun, de réaménager son espace – vente de la maison – et de réajuster les bases de sa relation. Si le couple se définissait surtout selon le statut de parents et a négligé le temps passé ensemble, le départ des enfants laisse un vide qui les met face à eux-mêmes. Cette période est appelée le « syndrome du nid vide ». Une dépression peut suivre le départ des enfants, car elle est vécue comme une perte du rôle de parent. Plus une femme s'est suridentifiée à son rôle de mère, plus elle risque d'éprouver un sentiment de vide. Il en va de même pour le père.

En revanche, certains parents – le plus souvent des femmes – ont attendu toutes ces années pour légitimer leur séparation. Leurs enfants étant devenus autonomes, ils peuvent enfin se permettre de poursuivre leur vie sans se sentir coupables d'avoir brisé la famille. D'autre part, on observe aussi des hommes, dans la soixantaine, qui deviennent pères à nouveau lors d'une seconde union.

Quelle période de la vie adulte fragilise le plus notre couple ?

Certaines études[1] laissent croire qu'il y aurait plus de crises adaptatives à la vie de couple pendant la jeunesse et la vieillesse que pendant le milieu de la vie. En effet, le stress éprouvé par les quadragénaires se limiterait à des problèmes économiques et de santé.

Au contraire, selon Gail Sheehy[2], l'homme et la femme seraient plus enclins à être proches l'un de l'autre au début et à la fin de la vie adulte, qui correspond aux phases de symbiose et de rapprochement de la vie de couple que nous aborderons plus loin. Entre-temps, c'est comme si chacun disait à

•••/

1. Houde Renée, *Les temps de la vie : le développement psychosocial de l'adulte*, 3e édition, Gaëtan Morin éditeur, 1999.
2. Sheehy Gail, *Les passages de la vie : Les crises prévisibles de l'âge adulte*, Éditions de Mortagne, 1982.

\•••

l'autre : *« Ne me plonge pas dans ta crise, j'ai peine à surnager dans la mienne. »* Les chiffres semblent appuyer cette observation. En 2002, l'âge moyen au moment du divorce était de 43 ans pour les hommes et de 40,5 ans pour les femmes[1].

Une meilleure compréhension des étapes délicates de la vie adulte favorise une compréhension mutuelle et peut permettre de mieux franchir les obstacles de la vie de couple. Il est également important de saisir les enjeux de la séparation selon les âges. Une rupture amoureuse survient toujours dans un temps donné, un contexte de vie précis. Se séparer de son conjoint à 25 ans après cinq ans de vie commune ne raconte pas la même histoire qu'une séparation à 50 ans après 25 ans de mariage.

Une vie de couple mouvante

Contrairement à ce que l'on peut parfois penser au début de notre vie amoureuse, la vie d'un couple n'est pas linéaire. Comme la construction de notre vie adulte, elle est soumise à différentes étapes qu'il nous faut traverser pour rester soudés : la symbiose, la différenciation, l'expérimentation et le rapprochement. Mieux comprendre cette évolution inévitable du couple nous permettra d'identifier lors de quelle phase notre relation a commencé à se détériorer[2].

1. Ambert Anne-Marie, *Divorces : faits, causes et conséquences*, Institut Vanier de la famille, 2009.
2. Louise Careau, psychologue, résume bien ces phases dans son texte « Tomber en amour et le rester ». Voir Careau Louise, « Tomber en amour et le rester », *in* site du Centre d'aide aux étudiants de l'université Laval.

La symbiose

Alberoni[1] qualifie cette étape de *choc amoureux*. La symbiose est la phase fusionnelle où l'envie d'être constamment avec notre partenaire nous tenaille. Cette étape inspire grandement poètes, chanteurs et artistes. Tout nous intéresse de l'autre et nous découvrons son univers avec avidité. Cependant, la symbiose ne dure en moyenne pas plus de deux années. Elle peut se prolonger au-delà s'il y a présence d'obstacles : amours à distance, configuration amant-maîtresse, styles de vie différents qui nous séparent... Pensons à Roméo et Juliette. Le principal défi à cette étape consiste à être en fusion avec l'autre sans pour autant perdre notre identité...

La différenciation

Toute bonne chose a une fin. Avec le temps, la passion s'émousse. Chacun des partenaires prend conscience des aspects qui le distinguent de l'autre. L'être aimé est alors déchu de son piédestal. Chacun exprime ses limites et ses besoins, ce qui peut devenir une source de tension, surtout quand ceux-ci ne concordent pas. Les difficultés sont d'autant plus grandes lorsque, problème fréquent, les deux amoureux n'atteignent pas ce stade en même temps. Celui qui en est encore à l'étape de la symbiose a alors peur d'être abandonné et celui qui a franchi cette étape peut se sentir étouffé. Il s'agit d'un passage crucial dans la survie du couple, ce qui explique la fréquence des ruptures lors de la différenciation.

---

1. Alberoni Francesco, *Le choc amoureux : L'amour à l'état naissant*, Ramsay, 1981.

L'expérimentation

Au cours de cette étape, nous délaissons la relation de couple pour nous centrer sur le monde extérieur. Nous nous investissons dans nos carrières respectives, faisons des enfants et nous accomplissons en tant qu'individus. Nous pratiquons quelques activités et entretenons certaines relations à l'extérieur du couple. Bien qu'il soit tout à fait sain et naturel de ne plus être obnubilés par la relation amoureuse, nous devons toutefois veiller à entretenir le lien qui nous unit à notre partenaire et à partager avec lui diverses expériences. Plusieurs hommes diront qu'ils ont trouvé fort difficile l'arrivée d'un enfant dans le couple. Bien des nouvelles mères vivent une relation fusionnelle avec leur bébé et délaissent leur conjoint. Cet exemple illustre fort bien ce stade difficile de la vie de couple.

Le rapprochement

L'étape du rapprochement signifie le retour à l'intimité dans le couple. Souvent les enfants sont devenus adultes, la carrière de chacun est établie et l'heure de la retraite approche. Nous souhaitons nous rapprocher et redonner de l'importance à notre relation amoureuse. Nous recommençons à faire des activités ensemble. Bien entendu, chacun des deux conjoints doit être parvenu à cette étape pour la franchir. Si l'un des deux en est toujours à l'étape de l'expérimentation – s'il effectue un retour aux études ou s'il vise une promotion professionnelle –, la tentative de rapprochement de l'autre peut alors être vécue comme une menace.

Savoir renoncer à la passion

La remise en question n'est pas chose aisée. Pourtant, elle est inévitable dans les étapes de la vie d'un couple… Excepté pendant la symbiose. C'est pourquoi certains d'entre nous voudront revivre sans cesse cette période fusionnelle en mettant fin à la relation lorsque la phase de différenciation s'annonce. Il est si doux de se laisser submerger par la passion sans réfléchir ! Cela dit, nous pouvons considérer notre relation autrement :

- en renonçant à la passion éternelle ;
- en continuant avec notre partenaire, malgré les changements qui surviennent ;
- en traversant les phases de la vie de couple, et en acceptant d'investir davantage l'intimité de ce dernier - avoir des enfants, une vie sexuelle satisfaisante, une relation de confiance.

La société occidentale actuelle valorise avant tout l'amour romantique, comme on le remarque dans les productions cinématographiques, littéraires et musicales. Franchir les autres étapes de la relation amoureuse demande du temps, de la patience et des efforts mutuels… Autant de concepts qui perdent en popularité.

Des perturbations supplémentaires

Dans certains couples, des événements peuvent précipiter la séparation : déménagement, perte d'emploi, maladie, infidélité, problèmes personnels, etc. Pour d'autres, la séparation survient lorsque la relation est difficile ou insatisfaisante depuis le début : mauvaise communication, peur de l'engagement, manque de plaisir à être ensemble, absence de soutien affectif, violence physique ou verbale, incapacité à surmonter une étape de la vie de couple ou personnelle, etc. Parfois, il suffit d'un seul événement pour fragiliser l'union et l'amener à la rupture, mais dans la plupart des cas, une combinaison de plusieurs facteurs de troubles explique la séparation.

Les motifs fréquemment invoqués

Au Québec, une étude[1] a permis de mettre en commun les connaissances et les opinions des psychologues qui travaillent auprès de couples et de familles, sur la question des conflits et des ruptures conjugales.

Selon ces psychologues, les principaux conflits présents au sein du couple découlent des comportements négatifs de l'un ou l'autre des conjoints. *« Il est trop critique »*, *« trop impulsif »*, *« trop égoïste »*, *« trop irresponsable ou immature »*, etc. Viennent ensuite les différends liés à la vie quotidienne – tâches ménagères, stress, travail trop prenant ou inexistant – et enfin la distance qu'affiche l'un ou l'autre des conjoints.

Par ailleurs, les motifs de rupture le plus fréquemment observés par les psychologues sont, par ordre d'importance : les difficultés de communication, l'incompatibilité des partenaires – peu d'affinités, mésententes, disputes fréquentes – et les intérêts, buts et valeurs des partenaires qui ont changé en cours de route.

À propos de l'infidélité

Selon plusieurs enquêtes, 15 à 20 % des femmes seraient infidèles alors qu'elles sont engagées dans une relation de couple, comparativement à 20 à 30 % des hommes. Il faut interpréter ces données avec prudence car les chercheurs ne s'entendent pas sur la définition

1. Lamarre Mélanie, Lussier Yvan, « Conflits et ruptures conjugales : les psychologues se prononcent », *Psychologie Québec*, vol. 24, n° 1, 2007.

de l'infidélité. François St-Pier[1], qui a bien étudié ce phénomène, propose la définition suivante :

> *« L'infidélité est la violation de l'engagement, négocié ou implicite, touchant l'amour et la sexualité. Être infidèle, c'est donc cacher à son ou sa partenaire qu'il existe un lien de nature amoureux et/ou sexuel avec une tierce personne. »*

L'infidélité ne signifie pas toujours la fin de la relation. Au cours des semaines qui suivent la divulgation ou la découverte de l'infidélité, les psychothérapeutes de couple suggèrent aux partenaires d'attendre pour considérer l'ensemble de la situation lorsqu'ils ne sont plus sous le joug de leur émotivité. Les couples qui ont survécu à cette épreuve ont certains points en commun, notamment celui d'avoir mis un terme à leur relation extraconjugale, d'avoir pris la décision de s'investir totalement dans la relation d'origine, de s'être entendus sur la notion d'exclusivité et d'avoir compris les fragilités de leur union, tout en développant de nouvelles attitudes pour favoriser le bonheur conjugal.

Les facteurs culturels et démographiques

Selon Ambert[2], des facteurs culturels et démographiques favorisent également la séparation. Pour qu'un couple décide de se séparer ou de divorcer, le climat social, culturel et juridique doit offrir les conditions nécessaires à cette prise de décision. Dans les sociétés où le mariage est plus un choix individuel qu'un engagement devant Dieu, on observe une libéralisation des lois sur le divorce et une

---

1. St-Pier François, « Détrompez-vous sur l'infidélité ! », *Psychologie Québec*, vol. 26, n° 4, 2009.
2. Ambert Anne-Marie, *Divorces : faits, causes et conséquences*, *op. cit.*

tendance à l'individualisme, qui met l'accent sur les droits plutôt que les devoirs. Le divorce devient alors une solution accessible et plus acceptable. Le mariage n'est plus une institution axée sur des responsabilités mutuelles mais se fonde désormais sur la recherche du bonheur.

Des facteurs démographiques jouent également un rôle dans la séparation. Les mariages entre partenaires très jeunes, les ménages à faibles revenus, la pauvreté et la cohabitation avant le mariage favorisent les risques de divorce. Les querelles, l'alcoolisme et la violence conjugale sont également des facteurs démographiques mentionnés par les couples, qui rendent propice leur séparation.

Par ailleurs, dans les pays où le mariage est fortement institutionnalisé et où le divorce est plus difficile à obtenir parce que moins acceptable, seules les raisons « sérieuses », telles que les mauvais traitements et l'abandon, sont tolérées. En revanche, il en est autrement pour les sociétés où les conditions sociales sont plus favorables au divorce. À la lumière de ces recherches, nous pouvons nous questionner sur notre seuil de tolérance quand la relation ne correspond plus à nos attentes et sur notre capacité à faire des sacrifices pour maintenir la relation.

Chapitre 2

Décrypter les signaux d'alarme

Vous avez des doutes sur votre désir de poursuivre votre relation amoureuse ? Décrypter les signes avant-coureurs d'une rupture pourra peut-être vous aider à faire le point sur votre relation… En général, une combinaison de facteurs tels que l'accumulation d'insatisfactions, l'échec des tentatives de changer certains comportements problématiques et la communication discordante mène à rompre. La rupture survient parfois après de longues années, lorsque l'espoir d'un changement s'éteint, parfois après seulement quelques mois de vie commune. Prendre conscience de certains problèmes pourrait toutefois permettre d'éviter l'ultime séparation. Chaque personne possède son propre seuil de tolérance. Voyons de plus près les principaux écueils qui peuvent mettre la relation en péril.

On ne se comprend pas

Lorsque nous rencontrons des difficultés avec notre partenaire, nous disons parfois qu'« il ou elle ne nous comprend pas ». Est-on certain de s'être bien exprimé ?

Fabrice livre facilement ses sentiments et cherche à partager ses joies et ses peines avec Monique. Celle-ci, bien qu'elle exerce un travail où elle est en relation avec le public et possède des facultés de communication éprouve une réticence à se livrer dans ses relations intimes. De plus, elle compte sur le fait que Fabrice soit loquace pour profiter de sa présence sans devoir toujours échanger verbalement. Fabrice interprète son silence comme une marque de détachement.

Monique souffre des remarques de Fabrice à son égard et se sent incomprise. Pourtant, en ne lui exprimant pas sa conception de la relation, elle alimente cette incompréhension qui nuit à leur relation de couple.

Le rôle de la communication est reconnu comme un facteur déterminant dans la qualité de la relation. Mais que signifie bien communiquer ? Une bonne communication est le reflet d'une profonde confiance, qui permet de se livrer à l'autre sans craindre d'être jugé. Elle permet à chacun d'exprimer ses besoins, ses émotions tout en respectant l'autre et ses différences. Bien entendu, tout se passe bien lorsque notre partenaire nous fait des compliments, mais s'il met en lumière nos défauts et nos comportements dérangeants, la communication devient plus délicate et compliquée. La communication est l'outil essentiel qui permet de traverser les étapes de la vie de couple et de composer avec les périodes de crise. La phase de différenciation (voir chapitre 1, page 15) ne peut pas être franchie sans la capacité à exprimer à l'autre ses besoins et ses limites.

La manière de dire les choses – la forme – est tout aussi importante que le contenu du message lui-même – le fond. Les reproches et les accusations ne sont pas constructifs. *« Tu ne fais jamais rien pour m'aider avec les enfants »*, *« Tu n'as jamais envie de faire l'amour »*, etc. Ce type de phrase est vécu comme une attaque et entraîne des conflits sans issue.

L'emploi du « je » pour formuler une demande et la technique du reflet qui consiste à reformuler avec d'autres mots pour s'assurer que le message est bien compris sont des moyens efficaces pour favoriser une meilleure compréhension mutuelle. Plutôt que de dire *« Tu ne fais jamais le ménage, j'en ai marre ! »*, il convient d'exprimer : *« J'aimerais que tu participes plus souvent aux tâches ménagères. J'ai l'impression de tout faire à la maison et cette situation me pèse. »* Cette formulation, qui n'accuse pas mais explique, permet à l'autre de développer sa compassion. Pour que notre partenaire puisse se « mettre à notre place », il faut pouvoir lui montrer ce qu'elle est, sans mettre la sienne en cause directement. De plus, chaque partenaire doit jouer à la fois le rôle d'interlocuteur et d'auditeur. Il est tout aussi important d'exprimer ses sentiments que d'avoir la capacité d'écouter l'autre.

Dans l'impasse...

Est-ce un mythe de croire qu'un couple est plus à même de se séparer si les conjoints se disputent régulièrement ? Les études démontrent que le nombre de conflits importe moins que la manière de les résoudre[1]. Si chacun s'explique et précise ce qui le dérange, le conflit représente alors une occasion de mieux se comprendre et de

1. Gottman John M., Silver Nan, *Les couples heureux ont leurs secrets*, Jean-Claude Lattès, 2000.

se rapprocher. En revanche, si les partenaires passent plus de temps à essayer de se réconcilier qu'à être bien ensemble, la qualité de la relation en sera affectée. De plus, la récurrence de conflits témoigne d'une résolution déficiente de ces derniers.

Yoann et Lydia se disputent presque chaque jour au téléphone. Lydia reproche à son mari, absent du foyer toute la semaine pour son travail, de ne pas appeler assez régulièrement. Quant à Yoann, il répond à sa femme qu'elle lui téléphone systématiquement au mauvais moment – lorsqu'il déjeune, lorsqu'il discute avec un client, etc. Un soir, lors d'une crise plus violente que les autres, Lydia hurle sur son mari : « J'en ai marre que tu sois loin ! Je ne voulais pas que tu acceptes ce nouveau travail qui t'éloigne de moi et des enfants ! Je voudrais que tu sois présent, comme avant ! »

Dans sa colère, Lydia a exprimé le fond du problème. L'objet du conflit ne se trouvait pas dans la fréquence des appels de Yoann mais plutôt dans sa présence ou son absence dans la vie du foyer. Il arrive souvent que les partenaires se focalisent sur des détails alors que leur dispute traduit une origine plus profonde du conflit. Tant que le réel problème n'a pas été abordé et entendu, le couple reste dans l'impasse…

Anne et Patrick sont deux personnes intenses et passionnées. Ils n'hésitent pas à exprimer leurs points de vue et leurs désaccords. En revanche, chacun veut convaincre l'autre qu'il a raison et s'accroche à sa position. Au fil du temps, Anne a préféré abandonner et laisse Patrick prendre la majeure partie des décisions. Les conflits ont cessé mais Anne se sent incomprise et songe parfois à mettre fin à leur relation.

Les partenaires ont une multitude de décisions à prendre au quotidien tout au long de leur vie, du choix du menu pour le repas du soir à la manière d'éduquer les enfants. Chacun doit alors bien maîtriser les bases de la communication relatées plus haut pour arriver à une bonne entente. Mais l'art du compromis ne signifie pas laisser l'autre décider de tout, car cette attitude provoque, comme dans le cas d'Anne, l'accumulation de frustrations et la colère refoulées. Bien sûr, une vision d'ensemble et un partage de valeurs communes représentent aussi un gage de réussite pour une résolution de conflits plus harmonieuse.

Une libido mise à mal

Désir absent, contrarié ou oppressant, une libido mise à mal pousse parfois certains d'entre nous à quitter le nid ou à remettre sérieusement en question leur relation de couple.

Au début de leur relation, Nadine et Martin étaient pris d'un insatiable désir l'un pour l'autre. Après la naissance de leurs enfants, leur rôle de parents et leurs emplois du temps ont pris toute la place, laissant peu d'espace à leur intimité. Ils s'interrogent alors sur leur désir disparu et envisagent des aventures à l'extérieur de leur vie conjugale comme solution.

Les recherches révèlent que la fréquence des relations sexuelles des partenaires n'indique pas forcément une sexualité satisfaisante. Les marques d'affection et de rapprochement au quotidien, un baiser dans le cou, une caresse, une attention à l'autre, sont des actes tout aussi importants. Une baisse marquée des rapports intimes doit alerter les partenaires et être prise au sérieux. Elle peut s'expliquer par la vie mouvementée du quotidien, qui implique insidieusement de délaisser les moments d'intimité. Les disputes et conflits non résolus peuvent aussi créer un climat de tension qui diminue la libido.

La vie sexuelle constitue le prolongement de la communication. La sexualité est un canal d'expressions essentiel de la relation d'intimité. Certains couples sont peu préoccupés par la baisse de fréquence de leurs relations sexuelles. Ils comprennent que le désir fluctue avec le temps, les obligations et les exigences de chaque étape de la vie adulte. Mais pour beaucoup d'autres, des rapports sexuels moins réguliers sont un premier indicateur de difficultés. Pour ces couples, la relation sexuelle est souvent l'une des seules manières d'exprimer leur affection et leur émotion.

Anne-Laure et Mathieu, qui vivent en couple depuis quatre ans, constatent qu'ils ne font quasiment plus l'amour. Chacun d'eux est très investi dans sa vie professionnelle, à l'extérieur du foyer. Anne-Laure déplore cette situation. « Avant, nous nous retrouvions le soir, en rentrant du travail et faisions l'amour. C'était un moment de plaisir partagé, rien qu'à nous. Aujourd'hui, Mathieu rentre de plus en plus tard, fatigué. Je le suis aussi. Nous éteignons la lumière et rideau ! Je me rends compte que nous n'avons jamais vraiment parlé ensemble. Faire l'amour suffisait à nous rendre heureux. À présent nous n'avons même plus ça... À vrai dire, il ne nous reste plus rien. Nous sommes devenus colocataires... »

Anne-Laure et Mathieu ont perdu leur canal de communication en n'ayant plus ou peu de rapports sexuels. De ce fait, ils ont la sensation que le ciment de leur couple est brisé, et se demandent ce qui va pouvoir les réunir à présent.

La place que la sexualité occupe au sein d'un couple varie en fonction des partenaires, de leur façon d'être, de communiquer leurs émotions. Il arrive également que la sexualité soit importante pour l'un et peu pour l'autre... Comment faire alors ? Encore une fois, les facultés de communication de chacun jouent un rôle crucial dans l'amélioration de la vie sexuelle du couple.

La tête dans le sable

Lorsque leur couple bat de l'aile, certains d'entre nous préfèrent appliquer la politique de l'autruche pour éviter de voir le conflit.

Jean travaille 80 heures par semaine. Il semble ambitieux et fait passer son travail en priorité. Tous les prétextes sont bons pour participer à un colloque ou à des afterworks. Il est souvent exténué lorsqu'il rentre à la maison et a tendance à consommer plus d'alcool qu'auparavant. Le climat familial se détériore. Les conflits se font plus fréquents et les enfants se plaignent de son absence. Bien que Jean s'en aperçoive, il se répète que « ça va passer ».

Abus d'alcool ou de drogues, travail excessif, infidélité, conduite automobile dangereuse, excès alimentaires sont autant de comportements à risque qui représentent parfois, consciemment ou non, des prétextes pour refuser le contact avec l'autre ou le malaise qui s'est installé dans le couple. En surinvestissant sa fonction professionnelle et en buvant plus que de raison lorsqu'il rentre chez lui, Jean évite la confrontation avec son épouse.

À court terme, cette fuite provoque un soulagement. Cependant, elle ne fait que repousser le constat d'une relation dégradée. Souvent, l'effet destructeur de ces comportements est identifié par la ou le conjoint(e) qui constate l'attitude fuyante de sa moitié. Il ne faut pas voir celle-ci comme la fin en soi de la relation, mais plutôt comme le signal d'alarme d'une insatisfaction personnelle ou conjugale.

Malgré les efforts, l'inconfort persiste

Certains d'entre nous disent parfois avoir tout essayé pour sauver leur couple, sans que la relation s'améliore. C'est peut-être le signe que leur partenaire ne veut pas se remettre en question...

Julie a tenté à plusieurs reprises de faire des mises au point avec Jacques, mais ce dernier refuse de s'impliquer dans leur relation. Il ne veut pas entreprendre une thérapie conjugale car il prétend que cela ne donnera rien. Il croit que personne ne peut changer fondamentalement et que chacun doit accepter l'autre tel qu'il est.

Bien entendu, accepter les différences de chacun est le gage d'une relation respectueuse. Cependant, déployer des efforts pour changer des attitudes ou comportements négatifs chez soi constitue une preuve d'engagement mature face à l'autre. L'implication et la volonté des deux partenaires sont un facteur capital dans le maintien de la relation. Par ailleurs, les partenaires qui ont entrepris une démarche en thérapie conjugale ou qui ont mis tous les moyens en œuvre pour améliorer leur relation arrivent plus facilement à en faire le deuil[1].

Des ailes ou des chaînes ?

Il arrive que certaines relations émoussent notre estime de nous-mêmes.

> Jeanne était une femme autonome qui aimait son travail. Après la naissance de leur troisième enfant, son conjoint l'a encouragée à freiner sa carrière au profit d'un meilleur investissement familial. Au début, elle se satisfaisait de son rôle de mère mais, avec le temps, son cercle d'amis s'est restreint. Par ailleurs, son conjoint devenait de plus en plus critique envers elle : « Tu as oublié de passer au pressing. Le repas n'est pas prêt ? Tu avais tout ton temps pour le faire. » Peu à peu, Jeanne s'est mise à douter d'elle-même et à se remettre en question sur ses capacités de mère et de femme au foyer.

Une relation de couple se veut une source de support mutuel. Chacun doit avoir le sentiment d'être accepté, compris et valorisé par l'autre dans les rôles qu'il ou elle occupe. On dit souvent qu'une relation satisfaisante donne des ailes, non des chaînes. Les injures et les reproches répétés détruisent non seulement la relation mais aussi l'estime et la confiance en soi du partenaire qui en est victime. Si au début de la relation vous aviez confiance en vos moyens et que vous avez perdu cette assurance au fil du temps, il est grand temps d'examiner l'influence de votre relation sur votre estime personnelle.

1. Nous aborderons cet aspect plus en détail dans le chapitre 3, *Comment prendre une décision éclairée ?*, page 31.

Pourquoi ? !

Il est difficile de comprendre les causes exactes de succès ou d'échec d'une relation amoureuse. Comment deux personnes qui à première vue n'avaient guère de chances de réussir à vivre une vie de couple satisfaisante y arrivent contre toute attente ? La recherche et l'expérience clinique semblent démontrer que la motivation - l'envie mutuelle - et les moyens d'interaction - la capacité à communiquer - entre les partenaires sont des facteurs cruciaux.

Chapitre 3

Comment prendre une décision éclairée ?

Lorsque plusieurs conditions défavorables sont réunies – phases critiques dans la relation et signaux d'alarme non décryptés –, mettre fin à la relation est l'option envisagée. Une décision trop hâtive pour résoudre un malaise dans la relation n'est pas rare et entraîne des regrets, des années plus tard. *« Avec le recul, c'était le partenaire qui me convenait le mieux, mais comme la passion avait disparu, j'ai cru que je n'éprouvais plus d'amour pour lui. »* À l'inverse, la seule pensée d'avoir envie de laisser l'autre peut susciter une telle angoisse que certains d'entre nous rejettent l'idée de la séparation, même si leur relation est insatisfaisante, voire destructrice.

Décider de rompre est rarement facile. Ce choix implique une lourde responsabilité et entraîne un sentiment de culpabilité, car la relation ou la famille s'en trouve éclatée. Néanmoins, l'inititiateur de la rupture a une longueur d'avance dans le processus de deuil de la relation. En général, plus une personne s'accorde un temps de réflexion avant de prendre une décision finale, mieux elle traverse la période qui suit la séparation car elle a déjà affronté ses doutes et ses peurs. Ainsi, pour éviter de prendre une décision précipitée, nous vous proposons d'appliquer une approche concrète : le processus de résolution de problèmes (RP).

Le processus de résolution de problèmes (RP)

Le processus de RP s'applique à tous les types de difficultés. Les scientifiques utilisent cette approche pour résoudre des problèmes complexes, tels que les catastrophes écologiques. Une hypothèse pouvant expliquer la difficulté est émise, des solutions sont élaborées et doivent être validées par la suite. Nous avons moins tendance à employer cette technique pour nos propres obstacles personnels ou pour nos prises de décision. Pourtant, le processus de RP est souvent la première réponse efficace que l'on peut apporter à un proche en difficulté pour l'aider à clarifier sa situation. *« Quel est le problème au juste ? Que comptes-tu faire pour t'en sortir ? »* Quand il s'agit de soi, les émotions prennent beaucoup de place. Nous sommes convaincus que notre situation est trop complexe pour la traiter comme tout autre obstacle du quotidien.

Avant d'amorcer ce travail, certaines conditions doivent être réunies pour faciliter la prise de décision :

- papier et crayon en main, faites cette démarche par écrit. L'écriture permet le recul face à la situation et aide à structurer la pensée ;
- seul(e), sans consulter vos proches ou votre conjoint, commencez l'exercice de réflexion et d'écriture. Il est préférable au début de

ne pas vous laisser influencer par la perception des autres. Ensuite, vous pourrez en discuter avec votre partenaire, un proche ou une aide professionnelle qui peut vous aider à clarifier chacune des étapes. Les couples qui ont l'habitude de résoudre leurs conflits grâce à cette approche arrivent à discuter plus facilement en période de crise.

Les étapes à suivre

Voici les six étapes de la résolution de problèmes (RP) :

- définir le problème ;
- élaborer des solutions ;
- évaluer les pour et les contre ;
- choisir une solution ;
- appliquer la solution ;
- évaluer la solution appliquée.

Penchez-vous à présent sur le processus de décision illustré par ces deux histoires fictives inspirées de notre expérience clinique, celle de Pierre et celle d'Anaïs, avant de vous engager dans l'étape finale de la séparation.

Définir le problème

Pierre a 45 ans, est marié depuis quinze ans et a eu deux enfants avec sa conjointe. Il n'a rien à reprocher à celle-ci mais il avoue ne plus l'aimer. Il ne retrouve plus la passion du début de leur relation. Lors d'un colloque, il fait la rencontre d'une ancienne collègue de travail.

Anaïs a 30 ans et désire fonder une famille. Son conjoint ne veut pas d'enfants et dit avoir été clair avec elle sur ce point dès le début de leur relation. Elle croyait qu'il changerait d'avis avec les années.

Clarifier le problème est l'étape la plus difficile et la plus importante à traverser. Plus on précise ce qui entrave la relation, plus il sera facile d'élaborer des solutions. Si l'on reste vague dans l'énoncé de notre situation, les solutions en seront tout autant limitées. Il convient alors d'aller au-delà des *« Je n'aime plus mon conjoint »*, *« Ma relation n'est plus satisfaisante »* ou *« Nous nous disputons constamment »*.

À cette étape, nous nous devons de préciser ce qui ne va plus. Les chapitres précédents, *Les périodes critiques de la relation* et *Décrypter les signaux d'alarme* (pages 9 et 21), peuvent nous aider à déterminer ce qui fait défaut : *« Traversons-nous une phase critique de notre vie personnelle ou de notre vie de couple ? »* Analysons de plus près les problèmes de Pierre et Anaïs.

Pierre réalise qu'il est parvenu au milieu de sa vie et prend conscience que le temps file. Il remet en question son travail, s'interroge sur ses priorités. Ce faisant, il interroge également son couple. Il éprouve de la difficulté à dissocier la relation avec sa conjointe et leur rôle de parents. Tous deux se trouvent dans la phase d'expérimentation de la vie de couple. Ils se sont perdus de vue, croulant sous les nombreuses responsabilités et obligations.

Anaïs traverse une phase légitime de la vie adulte où elle ressent le désir de fonder une famille. Malheureusement, son conjoint ne semble pas partager ce projet et sa décision est sans équivoque. Elle doit préciser si sa relation est plus importante que son désir d'avoir des enfants.

Élaborer des solutions

En fonction du ou des problèmes ciblés, il est temps d'élaborer le plus de solutions possible, sans porter de jugement car celui-ci ne ferait que restreindre les voies possibles pour sortir du conflit. C'est l'étape du brainstorming. Une solution peut paraître à première vue irréaliste puis susciter une autre idée plus pertinente. Il faut user de créativité. Nous pouvons inclure notre partenaire dans l'élaboration de solutions tout comme dans celle de la définition du problème. Les couples qui communiquent plus facilement entre eux seront avantagés à cette étape.

Solutions envisagées par Pierre

- Faire plus d'activités avec sa conjointe sans la présence des enfants.
- Entamer une thérapie de couple pour améliorer leur communication.
- Attendre que les enfants soient plus vieux pour se séparer.
- Ne rien faire.
- Mettre fin à la relation.

Solutions envisagées par Anaïs

- Faire le deuil de la maternité, de l'envie de fonder une famille.
- Encourager son conjoint à consulter pour clarifier son non-désir d'avoir un enfant.
- Tomber enceinte sans le consentement de son conjoint et espérer qu'il change d'avis.
- Mettre fin à la relation et trouver un autre partenaire qui désire avoir des enfants.

Évaluer les pour et les contre

À ce stade du processus décisionnel, il s'agit d'analyser en détail chacune des options envisagées avant de les écarter ou de les conserver, selon leur pertinence. Dans son livre *Sortir de l'indécision*, Isabelle Falardeau propose la technique de la projection. Il s'agit pour la personne de visualiser dans l'avenir les différents scénarios possibles, en fonction des solutions adoptées. Cet exercice exige un effort et demande de rester attentif à ses émotions et à son intuition.

Souvent, l'un des partenaires choisit d'entreprendre à cette étape une thérapie, conscient des enjeux d'une éventuelle séparation, surtout si des enfants sont impliqués. Parfois, la situation est sans issue mais ce sont les implications d'une rupture qu'il faut évaluer : la peine que vont éprouver les enfants, les conséquences financières, la perte du réseau social, etc.

La liste de Pierre

Solutions envisagées	Avantages	Inconvénients
Faire plus d'activités avec ma conjointe sans la présence des enfants.	Prendre le temps de redécouvrir ma compagne, de retisser les liens avec elle et de nous laisser une autre chance.	Trouver le temps en dépit des nombreuses obligations du quotidien.
Entamer une thérapie de couple pour améliorer ma communication avec elle.	Nous permettre d'exprimer nos frustrations respectives dans un cadre professionnel. Avoir un avis extérieur sur notre situation.	Assumer les émotions et colères de ma partenaire et les miennes. Risquer de faire de la peine à l'autre.

.../...

Solutions envisagées	Avantages	Inconvénients
Attendre que les enfants soient plus vieux avant de nous séparer.	Les enfants n'auront pas à subir un changement dans leur vie quotidienne. Je ne leur imposerai pas la rupture et la souffrance qui l'accompagne.	Je dois faire abstraction de mes propres besoins et m'oublier. Mon équilibre psychologique va en pâtir (humeur triste et irritable). Si je suis moins bien dans ma peau, c'est tout le climat familial qui en sera affecté.
Mettre fin à la relation dès maintenant.	J'amorce une nouvelle relation sur des bases différentes. Je recommence à zéro. J'évite d'affronter les problèmes relationnels avec ma conjointe. Je risque de moins souffrir.	Je vais peut-être regretter ma décision dans le futur en n'ayant pas tout essayé pour améliorer notre relation. Je vais devoir porter la responsabilité de la séparation, jouer le mauvais rôle.

La liste d'Anaïs

Solutions envisagées	Avantages	Inconvénients
Faire le deuil de la maternité et de l'envie de fonder une famille.	Je demeure en couple et continue ma vie sans déranger mes habitudes. Je développe des liens avec les enfants de mon entourage.	Je me trouve jeune pour faire ce deuil. Je crains de faire une dépression si je tais mon désir de fonder une famille.
Encourager mon conjoint à consulter pour clarifier son non-désir d'avoir un enfant.	Je comprendrai mieux ses motifs de ne pas avoir d'enfants. Je pourrai peut-être accepter ses raisons. Il pourra peut-être faire le constat que ses craintes ne sont pas fondées.	Je ne peux le forcer à changer d'avis ou même à faire une démarche thérapeutique.

.../...

Solutions envisagées	Avantages	Inconvénients
Tomber enceinte sans le consentement de mon conjoint et espérer qu'il changera d'avis.	Je m'assure de réaliser mon rêve d'avoir un enfant.	Je le mets devant le fait accompli et, à long terme, notre relation en sera affectée. Je n'ai pas envie de mettre au monde un enfant qui n'est pas désiré par son père. C'est une lourde responsabilité d'élever un enfant seul.
Mettre fin à la relation et trouver un autre partenaire qui désire avoir des enfants.	Je suis honnête envers moi et mon partenaire. Je parlerai de mon désir très tôt dans ma prochaine relation. Je veux trouver un homme qui partage ce rêve si cher à mes yeux.	Je dois apprendre à vivre seule pour un temps. Je risque même de ne pas me trouver un autre partenaire.

Choisir une solution

Pour franchir cette étape, il faut accepter l'incertitude qu'elle implique. Il n'existe pas de solutions exemptes d'inconvénients. Pour certains, des actions progressives qui favorisent les conditions de la séparation seront privilégiées. Par exemple, vous pouvez entreprendre un retour aux études car votre situation financière et la présence de vos jeunes enfants ne vous permettent pas de rompre avec votre conjoint pour le moment. Une combinaison de plusieurs options peut être acceptable, telle que débuter une thérapie et vous séparer temporairement de votre conjoint(e). D'autres décideront de mettre fin à la relation en assumant la douleur et les conséquences subies par la famille. En somme, ce n'est pas le nombre de pour et de contre qui permet de prendre une décision finale, mais le poids « émotionnel » qu'il va falloir assumer. Il n'est pas rare que, malgré la longue liste des raisons qui motivent la séparation, un seul *« Je l'aime encore »* suffise à maintenir la relation. La situation des femmes victimes de violence conjugale illustre bien ce phénomène.

Selon Falardeau[1], cette étape est très liée à l'intensité des émotions qui émergent. Prendre conscience des sentiments qui vous habitent lors du passage à l'acte vous permet de vérifier si vous agissez sous le coup d'une émotion trop intense ou si vous écoutez la sagesse d'une émotion en accord avec votre raison – ce que Falardeau surnomme notre « boussole interne ».

Appliquer la solution

Il convient de se fixer un temps, un lieu et une façon d'annoncer la rupture, si l'on a retenu cette option. Le chapitre 4, *Au cœur de la rupture* (page 45), vous guidera à cet effet. Certains d'entre nous mettront parfois des années à appliquer leur choix.

Pierre garde espoir que la qualité de la relation avec sa compagne s'améliore. Il n'est pas prêt à tout abandonner sans donner une chance à leur couple. Il a donc parlé à sa conjointe de ses insatisfactions et même de la situation qui a provoqué sa remise en question - rencontre d'une ancienne collègue à un colloque. Malgré sa peine et sa colère, la compagne de Pierre a accepté d'entamer une thérapie conjugale avec lui.

1. Falardeau Isabelle, *Sortir de l'indécision*, Septembre éditeur, 2007.

Quant à Anaïs, elle a proposé une thérapie individuelle à son conjoint. Ce dernier a refusé car il est convaincu que cela ne changera pas son point de vue sur une potentielle paternité. Elle se voit dans l'obligation d'amorcer ses démarches de séparation, face à cette réaction non conforme à ses propres désirs de maternité.

Évaluer la solution appliquée

L'étape de l'évaluation permet de faire le bilan de son expérience. On peut n'y percevoir que des bénéfices ou conserver des doutes. Certains d'entre nous reviennent vers leur partenaire en gardant l'espoir de poursuivre sur de nouvelles bases. D'autres peuvent se retrouver dans la situation d'une rupture qui s'éternise.

Un an plus tard, Pierre est toujours avec sa conjointe. Leur démarche en thérapie conjugale n'a pas été facile car la seule pensée d'être trompée a ébranlé la confiance de sa conjointe. Ils constatent malgré tout que cette situation n'était que le symptôme d'une relation à la dérive. Ils ont appris à mieux exprimer leurs besoins et à être à l'écoute l'un de l'autre. Ils ont fait le choix de se réserver plus de temps ensemble et se redécouvrent peu à peu.

Peu de temps après sa séparation, Anaïs rencontre un homme qui a déjà un enfant, issu d'une première union. En établissant des liens avec cet enfant, elle confirme son désir de fonder une famille. Elle a donc trouvé un partenaire qui partage son envie et ils envisagent d'avoir un enfant l'année suivante. Anaïs se sent en paix, en harmonie avec sa décision et se félicite d'avoir respecté ses besoins et ceux de son ex-partenaire.

Quelques suggestions...

Lors d'une séparation ou d'un divorce, il n'existe pas de formule unique qui permette aux couples d'éviter totalement des jours, des mois ou des années pénibles. Mais une meilleure compréhension des options offertes peut les aider à prendre des décisions le mieux adaptées à leur situation. Avant de rompre définitivement, John Wright[1], auteur de *La survie du couple*, recommande de considérer les solutions ou les moyens suivants.

Les vertus de la thérapie conjugale

Cette démarche aide non seulement à prendre une décision éclairée mais permet aussi de se séparer de façon constructive. Les recherches démontrent que la thérapie de couple réduit les conséquences néfastes de la crise comme la dépression, la baisse de l'estime de soi, les querelles et le traumatisme chez les enfants. Dans certains cas, entreprendre une thérapie améliore la communication entre les partenaires au point que chacun accepte de donner une autre chance à leur relation.

Penser au bien-être de ses enfants

Les parents qui envisagent la rupture doivent trouver une solution qui tiendra compte du bien-être de leurs enfants. La séparation, bien que vécue par de nombreux enfants, peut laisser des séquelles. À cet égard, nous aborderons plus en détail les réactions des enfants

1. Wright John, *La survie du couple*, Le Jour, Montréal, 1990.

face à la rupture et nous vous donnerons des conseils judicieux pour en limiter les impacts négatifs (voir le chapitre 10, page 139).

Reculer pour mieux sauter

Lorsque l'on est perdu, en proie au doute, choisir l'option de la séparation temporaire permet de valider certaines craintes et de prendre un recul face à la relation. Des conditions doivent être établies au préalable, comme la durée de la séparation ou l'exclusivité sexuelle. Cette expérience diminue les appréhensions telles que la peur de la solitude et les contraintes financières. En constatant que ces craintes sont surmontables et en prenant de la distance face à la relation, les partenaires peuvent ainsi faire un choix plus éclairé. Si ce « break » confirme l'impossibilité de maintenir la relation, le deuil de la vie à deux en sera facilité.

La pêche aux conseils pratiques

Lorsque la relation amoureuse est menacée et que la séparation devient la solution envisagée, les partenaires ignorent souvent ce que l'avenir leur réserve. Plusieurs des aspects juridiques et financiers de leur relation qu'ils prenaient pour acquis deviennent du jour au lendemain des sources d'anxiété importantes. *« Que stipule exactement notre contrat de mariage ? », « Quels arrangements financiers devrions-nous prendre ? », « Qui gardera la maison ou le loyer et les meubles ? », « Quel type de garde des enfants devrait-on privilégier ? »* Pour répondre à ces nombreuses interrogations, chacun des deux partenaires peut recourir à sa propre aide juridique et financière. Un avocat spécialisé sera en mesure de vous éclairer. Comme il existe des variations d'un expert à l'autre, vous pourrez ainsi mieux comparer les conseils de chacun d'eux.

Une baisse des finances

Suite à une séparation, 43 % des femmes disent avoir vécu une baisse substantielle du revenu de leur ménage, comparativement à 15 % des hommes[1]. Cette baisse des finances est un passage obligé qui peut s'étendre sur une période plus ou moins longue. Il n'est pas rare que des personnes amorcent un retour aux études pour améliorer leur condition de vie à moyen ou long terme. Cela demande bien entendu des sacrifices pour les membres de la famille.

Le mieux est de consulter un planificateur financier et d'établir un nouveau budget considérant la baisse de revenu, les nouveaux besoins, les frais encourus par la séparation, le partage et le réaménagement des dettes. Il convient également d'assurer notre sécurité financière et, avec l'aide d'une personne qualifiée, revoir nos placements, nos fonds de pension et nos assurances - vie, invalidité, matérielle, accidents, santé, maladie, médicaments. La tâche peut sembler ardue, mais elle est nécessaire.

1. Statistiques Canada 2007 « Étude : Rupture conjugale et dépression subséquente », *in* site de Statistique Canada (www.statcan.gc.ca).

Chapitre 4

Au cœur de la rupture

La fin d'une relation amoureuse est un événement majeur, l'un des plus significatifs qui puissent survenir dans la vie d'une personne. C'est un moment de vérité. Nous pleurons, nous nous disons adieu, nous nous écoutons, nous nous consolons, nous nous en voulons… Nous n'avons jamais été aussi sincères l'un envers l'autre. Si bien que ce moment intense et intime génère parfois de surprenants rapprochements. Certains couples en viennent même à faire l'amour en se quittant !

Au cours de la période de transition, entre l'annonce de la séparation et l'intégration complète de celle-ci, les réactions surviennent. L'éventail de réactions possibles suite à une rupture amoureuse est très large. D'un côté du spectre, on retrouve l'indifférence, l'apathie ou le déni. Au pôle opposé, certaines réactions excessives peuvent impliquer une désorganisation du fonctionnement de la personne ; les idées suicidaires et homicidaires ainsi que le passage à l'acte ne sont pas exclus. La plupart des personnes qui vivent cet événement se situeront probablement entre ces deux extrêmes, où une panoplie de réactions reste possible. Certains d'entre nous peuvent éprouver de la souffrance ou de la joie, être dans le contrôle d'eux-mêmes ou éprouver un sentiment d'abandon, ressentir une plénitude ou au contraire un vide, éprouver de l'amour ou de la haine. Par ailleurs, ces sentiments fugaces, intenses ou minimes, peuvent se manifester sur une durée plus ou moins longue, selon les personnes.

Est-ce que les hommes et les femmes réagissent de la même manière face à la rupture ? Quelles sont les répercussions immédiates de la séparation des parents chez leurs enfants ? Y a-t-il un décalage entre le soutien que les personnes quittées attendent de leurs amis et de leurs familles et les réactions réelles de ceux-ci ? Plongeons au cœur de la rupture pour voir ce qui s'y trame réellement...

À sexe différent, réactions différentes

Chaque individu réagit à sa façon face à la rupture. Ses émotions seront tributaires de son caractère, de sa personnalité, ainsi que de son bagage individuel d'expériences et de vécu. Pourtant, au-delà des différences individuelles, les expériences cliniques et la recherche démontrent que les émotions vécues tant par les hommes que par les femmes sont à peu près les mêmes. Ainsi, autant d'hommes que de femmes ressentiront la solitude, l'abandon, la tristesse de ne plus avoir quelqu'un à aimer et de ne plus être aimé, le sentiment d'être inapte à la relation et celui d'avoir échoué. Cependant, c'est dans la façon d'être et de réagir que l'on remarque certaines différences en fonction du sexe.

Les femmes, plutôt gestionnaires et actives

Certaines études[1] indiquent que les femmes mettent plus facilement fin à la relation que les hommes. Selon un portrait général, les femmes auraient tendance à ressentir davantage leurs insatisfactions au sein de leur relation conjugale. De plus, elles seraient plus actives dans les démarches d'amélioration du couple et dans le processus décisionnel conduisant à la séparation. Des auteurs qui se sont penchés sur les relations de couples rapportent que les femmes qui annoncent la rupture le font de façon plus claire et directe, sans ambiguïté, comme si leur cœur ne pouvait pas se diviser, ou que rester avec une personne qu'elles n'aiment plus leur était plus difficile. Elles quittent leurs conjoints en utilisant la parole.

Souvent, elles sont épuisées d'avoir tout essayé. En psychothérapie, leur demande principale est de pouvoir exprimer leurs émotions. Elles éprouvent un sentiment d'échec, d'injustice et elles préfèrent parler, se sentir écoutées et comprises plutôt que de recevoir des conseils pour affronter la séparation. Souvent, elles ont besoin d'aide pour s'affirmer davantage face à leur conjoint et se protéger dans le déroulement de la séparation. Après la rupture, les femmes craignent plus que les hommes d'être jugées négativement par leur entourage, pour l'échec de leur relation.

1. Montenegro Xenia P., *The divorce experience : a study of divorce at midlife and beyond*, Knowledge Networks, 2004.

Les hommes, plutôt fuyants et passifs

Les hommes sont généralement plus passifs dans le cheminement de la relation amoureuse. Quand des difficultés ou des insatisfactions se présentent, ils ont tendance à éviter de les affronter et à fuir dans d'autres activités. Un homme qui vit des problèmes conjugaux sera donc porté à s'investir dans des activités sportives, à consommer davantage d'alcool, à se changer les idées *via* des projets extérieurs au couple. Ce type de réaction peut paraître déplorable par rapport aux réactions plus actives des femmes notées plus haut. Pourtant, en évitant les émotions négatives, en se changeant les idées, l'homme peut apporter une nouvelle perspective face aux problèmes du couple. S'activer peut être un moyen de prendre du recul face à une situation, une manière de gérer celle-ci selon un état d'âme plus propice au changement.

Si l'homme demeure passif sur toute la ligne, qu'il évite d'affronter ses problèmes conjugaux, qu'il ne répond pas à des demandes de changements convenus avec sa conjointe, il a plus de chances d'être quitté par celle-ci. Dans ce cas, sa réaction immédiate est la surprise et la désorganisation. La détresse, lors de l'annonce de la séparation, peut être considérable. Certains promettent alors de procéder enfin aux requêtes réclamées depuis longtemps par leur conjointe. Par exemple, alors qu'il refusait auparavant systématiquement les invitations de sa compagne pour des consultations conjugales afin d'améliorer la relation, il peut, face au désespoir de la rupture, supplier celle-ci de recourir à ce type de démarche, ou menacer de se suicider. Encore une fois cependant, il est possible qu'il décide de gérer sa souffrance par la fuite et que, même après la rupture, il prenne le parti de s'occuper ailleurs pour ne pas ressentir ses émotions. Une autre réaction fréquente est la négation. L'homme peut nier ses torts, ou agir comme si sa conjointe ne l'avait pas quitté et faire comme s'il ne comprenait pas.

Quand l'homme prend l'initiative de la séparation, il a tendance à prendre plus de temps, à informer sa partenaire de sa décision au moyen de gestes et de comportements, plus qu'en lui parlant. Les hommes ressentent moins l'inconfort de l'ambivalence et seraient moins affectés par la baisse de sentiments amoureux. Par ailleurs, ils auraient plus peur que les femmes de ne pas voir leurs enfants après la séparation et ils s'engageraient plus facilement dans une autre relation amoureuse.

En psychothérapie, nous constatons que les hommes qui consultent éprouvent une intense détresse dans les semaines qui suivent une rupture. Ils ne comprennent pas ce qui se passe et, malgré les avertissements qu'ils ont reçus, ils sont bouleversés par le départ de leur conjointe. Ils sont désorganisés et se sentent démunis, ne savent plus comment gérer leur peine et leurs affaires. En général, ils préfèrent extérioriser leur souffrance autrement que par la parole. Ils ont besoin d'être rassurés sur le caractère passager de leur détresse. Ils ne cherchent pas tant à être compris et à partager leur chagrin qu'à trouver des outils concrets pour mieux y faire face. Ainsi, le fait de devoir s'organiser pour prendre un nouveau logement, pour la gestion des finances, pour l'aménagement de nouvelles activités et relations les aide à retrouver de l'énergie et à établir un nouvel équilibre. Ils sont soulagés de ne plus souffrir et de constater qu'ils peuvent fonctionner sans leur ex-conjointe. Ils pensent aux avantages de leur nouvelle situation et acquièrent un regard plus critique sur la femme dont ils déploraient la perte.

L'annonce de la rupture en sept leçons

Apprendre que notre conjoint veut nous quitter est une nouvelle bouleversante. La personne qui décide de mettre un terme à une relation est consciente des impacts de sa décision. Parfois, elle cherche à épargner l'autre, à lui éviter des souffrances. Vouloir rompre ne signifie pas que nous lui sommes devenus indifférents. Ne pas savoir comment faire, comment le dire, comment faire face aux réactions de l'autre sont des facteurs qui retardent l'annonce de la rupture. La maladresse peut aggraver un moment déjà passablement difficile.

Il serait illusoire d'espérer adoucir l'impact que la nouvelle va avoir sur notre partenaire. En revanche, il est possible d'éviter des problèmes supplémentaires à ceux inhérents à la rupture. Certaines façons de rompre semblent plus appropriées et d'autres inadéquates. Bien sûr, c'est davantage l'initiateur de la rupture qui a le contrôle de cette annonce. Donc, c'est à lui qu'incombe la responsabilité de verbaliser le changement de la meilleure façon possible.

Voici sept règles qu'il convient de suivre pour faciliter l'annonce de la séparation.

Prendre ses responsabilités

Cela semble évident, et pourtant, il arrive que des personnes apprennent la fin de leur relation par un tiers, et non par leur conjoint. Ce dernier a discuté avec un ami, ou s'est ouvert lors d'une conversation sur Internet et la personne quittée a eu accès à cette information. Parfois, inquiète de la relation, celle-ci a cherché à contacter d'autres personnes que son partenaire pour connaître le fin mot de l'histoire. Quand on est hésitant sur l'avenir de sa relation, cela peut apporter du réconfort de se confier à un ami, mais il faut savoir rester discret. Si vous avez des questionnements, ou si votre décision est prise, votre conjoint devrait être le premier à le savoir. De son côté, celui ou celle qui sent l'ambivalence de l'autre devrait se renseigner directement auprès de son partenaire plutôt que de faire des recherches auprès de sources périphériques.

Être direct

Il est nettement préférable de parler directement à son partenaire. Cette recommandation semble aller de soi. Cependant, trop souvent, des personnes qui consultent un thérapeute suite à leur séparation rapportent avoir été informées d'une manière qu'elles qualifient d'irrespectueuse. En effet, les courriels et messages téléphoniques sont parfois utilisés lorsque la personne ignore comment annoncer la rupture. Elle se sent trop mal, trop coupable, et veut éviter un face-à-face avec l'autre. Aviser l'autre d'une décision si importante par un médium électronique indirect semble pourtant trop impersonnel au regard de l'intimité partagée jusque-là : *« Après tout ce que l'on a vécu, il me fait ça ? ! Je ne veux plus jamais le revoir. »* Cette façon de faire assombrit l'ensemble d'une relation, qui autrement aurait pu constituer une belle expérience, marquée par de beaux souvenirs.

Par ailleurs, il arrive que le partenaire qui met fin à la relation n'ait jamais informé son conjoint ou sa conjointe de ses doutes, de ses insatisfactions, qu'il feigne un bonheur conjugal, et décide de se sauver en vidant le logement commun de ses effets personnels pendant l'absence de l'autre. Quand le ou la partenaire rentre, s'attendant à retrouver la chaleur de son foyer et de sa relation, il découvre un endroit froid et vide. C'est une expérience traumatisante qui peut blesser profondément. Ces moyens sont recommandés dans certaines situations précises, par exemple, dans le cas d'une femme qui veut quitter un homme violent ou manipulateur et se préserver. En envoyant un message clair par écrit, elle veut s'assurer de sa protection contre les manœuvres sournoises éventuelles de l'autre. Dans toute autre situation, il est vraiment préférable d'être direct et de rompre dans le cadre d'une rencontre de personne à personne.

Attendre le bon moment

Il est plus difficile de trouver le bon moment. En fait, nous sommes nombreux à considérer qu'il n'y a pas vraiment de bon moment pour rompre. L'initiateur de la séparation peut avoir prévu d'annoncer sa décision à un moment précis, un week-end où le couple est dégagé de projets et de responsabilités – sorties, travail –, par exemple. Puis, lorsque ce moment arrive, il ne se sent pas disposé à le faire. On ne peut pas rompre comme s'il s'agissait d'un rendez-vous chez le dentiste ! Certaines personnes arrivent à annoncer la nouvelle au moment qu'elles avaient choisi, mais la plupart d'entre nous rompent lorsqu'une occasion se présente. Une discussion sur l'avenir du couple survient et, de fil en aiguille, l'initiateur annonce sa décision. Souvent, celui qui est quitté a constaté la distance ou des changements dans l'attitude de son partenaire et le questionne à ce sujet.

Par respect pour l'autre, il convient d'éviter les périodes durant lesquelles cette nouvelle difficile et importante pourrait avoir des conséquences négatives. Par exemple, durant une période d'examens pour un étudiant, lors d'une période significative au travail ou enfin aux dates de fêtes – Noël, anniversaire – du partenaire. Il serait déplorable que ce dernier associe un événement festif à une épreuve personnelle. Se sentir en deuil alors que tout le monde s'amuse est particulièrement déprimant.

Choisir le lieu adéquat

Il convient autant que possible d'éviter les lieux neutres, comme les restaurants, où nous nous sentirons pris en otage par la présence d'étrangers et contraints de nous contenir. Sur le plan de l'intimité et de l'intensité des réactions émotives, la rupture peut être comparable à l'acte sexuel. Et il ne nous viendrait pas à l'esprit de faire l'amour au restaurant ! En général, le meilleur endroit est le logement commun, ou celui de l'un des partenaires s'ils n'habitent pas ensemble. Se sentir dans un environnement familier réduit l'inhibition, l'autocensure et favorise l'expression des réactions. On est à l'aise pour prendre un verre, se réfugier dans une autre pièce, s'effondrer sur un divan ou sur un lit si le besoin s'en fait sentir. À la maison, on peut éteindre son téléphone, ou l'utiliser à sa guise. Il n'y a pas d'autres données à considérer que soi-même, et l'autre. La disponibilité à la rencontre de la rupture et aux émotions impliquées doit être optimale.

Se permettre de réagir ou de ne pas réagir

Certaines personnes voient les réactions émotives comme un signe de faiblesse qui n'a pas lieu d'être. Si vous apprenez qu'un de vos proches est décédé, vous allez vous permettre de pleurer, d'exprimer votre souffrance. Pourquoi devrait-il en être autrement lorsque vous découvrez la fin de l'un des éléments les plus importants de votre vie ?

Donnez-vous la permission de pleurer, crier, bouger, rager silencieusement, et laisser l'autre agir de même. Tant que la violence est exclue, toute expression d'émotion est souhaitée. En effet, certaines personnes contiennent leurs réactions pour préserver l'autre, qui interprétera ce silence comme de l'indifférence. Dans le cas d'une séparation, voir l'autre souffrir, dans une certaine mesure, constitue une forme de réconfort.

Par ailleurs, certaines personnes réagissent en différé. Au moment d'une crise, elles semblent froides, déconnectées. Puis, des semaines ou des mois plus tard, elles sont prêtes à ressentir la souffrance provoquée par la perte de l'autre. Ce silence est à respecter aussi. Dans ce cas, il convient de l'expliquer à l'autre : *« Même si je ne réagis pas maintenant, je ne suis pas indifférent. »*

Expliquer le pourquoi du comment

Celui qui est quitté a besoin de comprendre les fondements de cette décision. Quand les explications de la rupture demeurent vagues, la personne qui subit le choix de l'autre reste dans l'impasse, rongée par des questions sans réponses. Elle a besoin de savoir pourquoi elle est quittée. Un employé qui a la perception de s'être dévoué pour son travail et qui se fait congédier par son patron sans explication éprouve un sentiment d'injustice. Il a besoin de comprendre ce qui lui arrive, quitte à ne pas être d'accord.

Parfois, pour amoindrir le choc, la personne qui rompt la relation tente de préserver l'autre en restant évasive sur les motifs de sa décision. L'essentiel consiste à être à la fois honnête et respectueux. Dire une vérité difficile, *« Je ne t'aime plus »*, *« Je n'ai plus de désir »*, *« J'en aime une autre »*, peut faire mal, mais cette douleur sera moins grande que le mensonge ou le doute. Il s'agit d'exprimer la vérité d'une façon respectueuse et non brutale, en montrant la considération que vous éprouvez pour la personne que vous quittez.

Si les motifs sont clairs, il convient de les verbaliser. S'ils sont flous, mieux vaut les relater le plus précisément possible. Cela aidera l'autre à mieux faire son deuil. En voici quelques exemples :

- je ne t'aime plus ;
- j'ai besoin de vivre autre chose ;
- j'aime une autre personne ;
- je ne peux plus supporter tes absences et il est trop tard pour des changements ;
- je ne suis plus capable de vivre avec cet aspect… de toi ;
- je me sens perdu ;
- j'ai besoin d'être seul.

Balayer les faux espoirs

Face à son partenaire en détresse, et afin d'adoucir la décision et la souffrance de l'autre, il arrive que celui qui s'en va laisse entendre qu'un éventuel retour est possible, alors qu'il sait que cela est exclu et que sa décision est irrévocable. Un tel mensonge ne sert qu'à amoindrir son sentiment de culpabilité et prolonge les souffrances du partenaire. Si vous quittez l'autre, vous vous devez d'être honnête et responsable, sans le prendre en charge.

Comment le dire à ses enfants ?

L'expérience de la séparation est une épreuve bouleversante pour toute la famille. Mais pour les enfants, il s'agit de la première épreuve d'adaptation dans leur vie, qui sera significative et participera à déterminer leurs relations à venir. L'organisation de leur vie en sera transformée. Les parents disposent d'un bagage d'expériences, mais les enfants sont plus vulnérables et leurs repères seront menacés par la séparation. Ils sont donc à considérer en priorité.

Les enfants d'un couple qui se sépare, quel que soit leur âge, réagissent à la rupture de leurs parents. Les bébés ressentiront un changement, les enfants verront leur univers brisé, les adolescents seront perturbés et les adultes seront affectés eux aussi, d'une manière ou d'une autre. Pour un enfant, la séparation de ses parents est vécue comme la maison familiale qui s'effondre. Cette maison représente un univers, une bâtisse sur laquelle il s'est construit, et même s'il n'y vit plus, l'enfant éprouve une perte de ses repères et de ses fondements lorsqu'il la voit disparaître.

Un facteur déterminant dans l'adaptation des enfants au divorce est la qualité de la relation entre les parents. Certains parents parviennent à garder de bons rapports malgré la séparation. Ceux-ci peuvent même être supérieurs à ce qu'ils étaient dans la relation amoureuse. Cela peut paraître paradoxal : si les parents décident de se séparer, c'est que leur relation est mauvaise ? ! L'élément central de ce livre est de proposer une séparation saine et non destructive.

Les recherches[1] indiquent que ce qui est corrosif pour les enfants n'est pas la séparation de leurs parents mais bien la présence de conflits entre leurs parents, que ce soit dans le mariage, dans la séparation ou dans leurs rapports après le divorce.

Bien que l'expérience du divorce de leurs parents ne soit pas banale pour les enfants, la plupart n'en souffriront pas au point de développer de graves problèmes psychologiques ou affectifs. Cependant Ambert[2] souligne que *« le divorce constitue un facteur de risque élevé et une source de stress. Il est, avant tout, une transition émotionnelle douloureuse et il peut créer un sentiment persistant de tristesse, de nostalgie, d'anxiété et de regret qui côtoie un fonctionnement psychologique et social normal »*.

Il faut comprendre qu'une réaction, qu'elle soit émotive ou autre, n'est pas mauvaise en soi. Il s'agit d'un moyen de communiquer. L'absence de réaction à un chamboulement dans l'organisation de la vie serait plus inquiétante. En tant que parents, nous ne pouvons éviter que nos enfants réagissent à notre séparation. Nous ne pouvons que les accompagner, et leur montrer qu'ils sont encore là. En d'autres termes, nous devons veiller à installer un climat de communication positive, marqué par la tolérance, l'accueil et la sécurité. Nous devons canaliser les émotions de nos enfants, sans pour autant les nier.

1. Ambert Anne-Marie, *Divorces : faits, causes et conséquences*, *op. cit.*
2. *Ibid.*

Guider, rassurer, favoriser la parole

L'objectif du parent devrait être de faciliter la transition pour l'enfant, sans pour autant lui éviter toute souffrance. Il est impossible pour le parent d'épargner toute douleur ou tout sentiment d'insécurité à son enfant, ni de les porter à sa place. Toutefois il peut l'accompagner et le guider, lui permettre de s'exprimer, lui montrer comment traverser une épreuve en exprimant ses émotions. Le défi pour le parent est d'installer une communication saine et d'éviter les inquisitions ainsi que la surprotection. Il convient d'écouter sans dramatiser et de rassurer sans minimiser. Voici donc quelques pistes…

Préparer l'annonce de la nouvelle

Les parents ne doivent pas rompre devant les enfants, mais plutôt leur annoncer la nouvelle une fois qu'elle est convenue et suffisamment maîtrisée. Il faut pouvoir offrir aux enfants un minimum de stabilité dans cette épreuve. Les disputes et discussions lourdes qui précèdent la séparation ne devraient jamais avoir lieu en leur présence. En effet, les enfants ressentent la tension, s'inquiètent car leur sécurité affective est menacée, même s'ils ne l'expriment pas nécessairement. Il faut que les partenaires évoquent d'abord leur séparation en couple, et qu'ils se laissent le temps de réagir, d'assimiler quelque peu cette idée. Ensuite seulement, il peut être question d'en parler aux enfants. Les parents doivent d'abord s'entendre sur la façon dont ils vont communiquer la nouvelle. Ils doivent établir une liste de questions, y répondre ensemble et annoncer la nouvelle à leurs enfants – tous les deux, de préférence.

- Que va-t-on dire ?

- Que va-t-on éviter de dire ?
- À quel moment nous allons leur dire ?
- Quels changements seront impliqués dans la vie des enfants ?

Se montrer rassurant et disponible

Il ne s'agit pas de serrer l'enfant dans vos bras cinquante fois par jour et de lui répéter en pleurant à chaudes larmes que vous l'aimez. De tels moments chargés d'émotions peuvent être encore plus lourds à porter que la séparation. Si l'enfant ressent la détresse de ses parents, il aura tendance à cacher la sienne pour les protéger. De ce fait, il devient le consolateur et évacue son besoin d'être consolé. Ce renversement des rôles peut devenir malsain et nuire au développement de l'enfant. En tant que parent, dans le tumulte des changements à venir, vous devez demeurer sécurisant pour votre enfant. Le rassurer ne signifie pas paraître invulnérable. L'essentiel est de ne pas transmettre votre détresse à votre enfant. Si vous avez peur, vous pouvez le lui dire sans vous en remettre à lui, et le rassurer en lui disant que les choses vont bien se dérouler et que vous resterez présent.

Par ailleurs, il convient de rester présent sur la durée. Vous pouvez parler à votre enfant quelques jours après la rupture, lui demander comment il perçoit la situation, comment il se sent. Le valider, l'écouter, le réconforter. Le laisser s'exprimer et réagir sans tenter de le soulager des émotions négatives. Si votre enfant exprime une souffrance et que vous lui dites que « tout va bien se passer », il peut se sentir nié.

Les jeunes enfants vivent souvent la séparation de leurs parents dans la peur, car leur univers est menacé. Certains se disent : *« Si mes parents sont capables de se quitter, ils sont aussi capables de se séparer de moi. Ils pourraient aussi arrêter de m'aimer.* » Il faut alors les rassurer, leur expliquer ce qui se passe et ce qui va arriver. Cela peut être déculpabilisant pour un parent d'affirmer que son fils ou sa fille sortira grandi de cette épreuve, mais il faut faire attention à ce genre d'affirmation, car toutes les épreuves ne sont pas plus constructives que destructrices.

Rien ne vaut votre présence…

Combler ses enfants de cadeaux au cours d'un divorce ne leur apporte pas de réconfort. Ce n'est pas une voie à choisir, autant dans l'épreuve de la séparation que dans la vie en général. Certains décident de partir en voyage avec leur enfant pour passer un moment agréable ensemble, ce qui est une excellente idée, sauf s'ils invitent rapidement leur nouveau partenaire amoureux. D'autres, pour canaliser les réactions affectives de leurs enfants, décident d'accueillir un chat ou un chien dans l'environnement familial. Ceci peut aider l'enfant dans la transition, mais l'animal ne dispense pas le parent de sa présence et de son contact.

Ne pas faire de fausses promesses

Si vous n'êtes pas en mesure de garantir ce que vous proposez, alors il est préférable de vous abstenir. L'enfant nourrira des attentes et il vaut mieux éviter de le décevoir. Son équilibre vient d'être secoué, la dernière chose à briser est la confiance qu'il porte envers ses parents.

Certains parents promettent un voyage, un nouveau logement ou un jouet. Ces promesses peuvent être évoquées, sans être présentées comme des compensations. Il faut permettre à l'enfant d'être triste de la séparation, et accueillir tout autant sa joie face à un élément nouveau et plaisant, comme une nouvelle chambre.

Plusieurs enfants entretiennent longtemps l'espoir de réconciliation parentale. Ils peuvent essayer de provoquer des moments de rencontre entre leurs parents, ou se convaincre que, s'ils sont gentils, « papa et maman vont revenir ensemble ». Il convient de les écouter, sans encourager leurs rêveries, même si vous n'êtes pas certain de votre avenir amoureux.

Expliquer sans se confier

Il est pertinent d'adapter les explications fournies aux enfants en fonction de leur âge. Il faut considérer qu'ils ont, comme les adultes, besoin de comprendre les raisons de la séparation. Il faut surtout les rassurer sur le fait qu'ils n'en sont pas responsables. Les parents doivent s'entendre sur une version qui corresponde à la réalité, qui soit suffisamment consistante et cohérente pour que l'enfant n'établisse pas de fausses interprétations. En revanche, les parents n'ont pas à dévoiler leur intimité devant leur enfant. Il est à éviter que l'un des parents soit visé négativement par l'autre devant l'enfant et de le mettre en position où il se sentirait déloyal envers l'un ou l'autre des parents.

Être réceptif aux confidences inattendues

Les enfants sont bien différents des adultes. Pour échanger sur des sujets intimes, ils ne prennent pas rendez-vous. Ils n'attendent pas d'être face à face, attablés devant un café ou un jus de fruits pour exprimer ce qu'ils ont sur le cœur. Ils peuvent vider leur sac à tout moment et le parent se doit d'accueillir ces révélations avec la même spontanéité.

Julie est séparée depuis trois mois et ses enfants semblent très bien réagir. Un jour où elle donne le bain à son fils Théo, quatre ans, celui-ci demande sans prévenir quand son père va revenir à la maison.

Sébastien passe une excellente soirée avec sa petite Gabrielle, une enfant âgée de six ans. Alors qu'ils jouent aux cartes, Gabrielle se met à pleurer et dit qu'elle s'ennuie de sa maman.

La communication entre l'enfant et ses parents est essentielle pour éviter des peines supplémentaires. L'enfant doit apprendre, avec l'aide de son parent, à se connaître, à identifier ses sentiments pour pouvoir ensuite les exprimer. Le parent peut utiliser le jeu, les histoires, les livres pour faciliter les échanges.

Il convient également d'être attentif aux confidences qui surviennent à des moments inattendus, comme dans le cas de Julie et son fils ou de Sébastien et sa fille. Il n'est pas rare qu'un parent n'obtienne pas de réponse claire lorsqu'il questionne son petit sur ses sentiments face à la séparation… pour ensuite l'entendre affirmer qu'il s'ennuie de son père alors qu'il joue aux petites voitures !

Comment le dire à la famille et aux amis ?

Annoncer la rupture que l'on vient de vivre à nos proches peut représenter un moment de réconfort ou, à l'opposé, un moment de tension pénible. La règle de base est de penser d'abord à soi. La perte du partenaire amoureux est déjà une épreuve. Prendre en charge les émotions potentielles chez nos proches est un fardeau dont on peut se passer. Il importe d'identifier d'abord nos besoins et nos attentes quand nous informons un ami de notre séparation. S'agit-il seulement de transmettre une information ? Souhaite-t-on recevoir du réconfort ? Espère-t-on obtenir de l'écoute et de la disponibilité de la part de l'autre ? La réponse à ces questions aide à déterminer la façon de le dire.

Certaines personnes préfèrent, au lendemain d'une séparation, ne pas en informer leur entourage. Elles veulent commencer par intégrer le changement, passer ce cap avec la personne qui devient un ex-partenaire ou rester seules. Ensuite, une fois la nouvelle maîtrisée, elles se sentent en mesure d'informer les autres et le font sans s'effondrer à chaque fois qu'elles répètent : *« Jeanne et moi, on se quitte. »* Au fur et à mesure qu'elles la verbalisent, la nouvelle réalité est assimilée.

Si vous souhaitez obtenir du réconfort de la part de vos proches lorsque vous leur apprenez la nouvelle, le choix d'un moment et d'un lieu propices à l'échange est à considérer. De plus, les couples qui sont ensemble depuis plusieurs années finissent souvent par avoir le même cercle d'amis. Si l'un des deux confie la nouvelle à ceux-ci, l'autre ne pourra bénéficier de leur support spontané. Aussi, il peut être avisé de séparer les membres de son réseau social commun. En se séparant, les couples procèdent à un partage des biens matériels et même les objets communs sont dorénavant attribués exclusivement à l'un des partenaires. On ne peut se partager aussi catégoriquement des personnes, mais comme il est pertinent d'installer une distance entre les partenaires, celle-ci peut commencer avec le partage du réseau social. Ainsi, vous éviterez de croiser votre ex-partenaire là où vous voulez, sans ambiguïté, profiter de la présence de vos amis. Comme les amis qui étaient initialement ceux de l'un deviennent peu à peu les amis de l'autre, vous pouvez vous souvenir à qui « appartenait » tel ou tel ami(e) au début de la relation et vous les octroyer pour les rapports qui vont suivre la rupture.

Deuxième partie

Faire son deuil et revivre

La séparation, au terme d'une relation devenue conflictuelle ou insatisfaisante, ne marque pas pour autant la fin de la souffrance. Traverser la tourmente s'avère difficile, parce que la peine d'amour est presque un état, une maladie. Le lien à l'autre est rompu. Un laborieux retour à soi est inéluctable. La tension et la colère font place, peu à peu, à la tristesse et au vide. Nous voilà plongés dans un océan froid et sombre pour une durée indéterminée.

« La tempête est passée. Je m'attendais à me sentir soulagée… Et me voilà abattue. Comme une naufragée qui flotte, seule, au milieu de débris de cette vie que j'ai fait éclater. Dois-je me laisser sombrer, ou foncer droit devant en pagayant sans m'arrêter ? Et lui, que fait-il ? Mon cœur et mon corps ont encore le réflexe de l'attendre et de le chercher. Je n'ai envie de rien. Le téléphone sonne. Je ne bouge pas. Le répondeur se déclenche : un ami m'invite à dîner. C'est gentil. Il veut prendre soin de moi. Quelle option est la moins pathétique ? Moi, en solo, chez ce couple accompli et leurs enfants radieux, ou moi, seule encore, dans cet appart amputé de moitié à manger une pizza ? Je me demande où il est en ce moment. Je suis dans un trou noir. Ce que j'ai construit n'existe plus et je ne vois rien devant, hormis cette ombre dans le miroir. »

Peut-on compter sur d'autres éléments que le temps pour s'en sortir ? Peut-on contourner cet océan ou est-il obligatoire de le traverser ? Dans ce dernier cas, comment s'y prendre pour naviguer sans couler ? Comment faire face aux tempêtes ? Y aura-t-il des accalmies ? Est-il nécessaire d'avoir atteint la terre ferme pour chercher à être accompagné ? Encore faudrait-il être sûr que la relation a bien pris fin…

Chapitre 5

Quand la rupture s'éternise

Le couple moderne prend de multiples apparences, qui offrent autant de façons de rompre. Du célibat le plus total au mariage traditionnel, de la vie à deux à la vie en solo, les variantes sont presque infinies. Certains d'entre nous s'engagent rapidement au début de la rencontre, tandis que d'autres demeurent amants des années durant. D'autres cohabitent avec leur conjoint et prônent le couple libre… Ou optent pour la politique du « chacun chez soi », tout en maintenant une exclusivité relationnelle. D'autres encore débutent leur relation *via* Internet et se sentent engagés alors qu'ils n'ont pas encore rencontré leur partenaire, ou vivent en couple en ayant abandonné affectivement leur conjoint.

Le choix des statuts de couple est immense, et offre l'avantage de vivre la relation qui nous convient le mieux, en accord avec nous-mêmes. En revanche, la complexité de ces unions et de leurs statuts peut retarder la rupture. Si à la question « êtes-vous encore ensemble ? » nous répondons par un timide haussement d'épaules, on peut supposer que cette position floue s'avérera inconfortable sur le long terme. Nous ne pouvons pourtant pas attendre que le sort décide à notre place. Face aux ruptures qui s'éternisent, il nous faut suivre des pistes pour sortir de l'impasse…

S'offrir une deuxième chance

Il arrive que des couples se donnent une deuxième chance après avoir rompu. Il est faux de croire que ce qui n'a pas fonctionné une première fois ne réussira pas au deuxième essai. En revanche, reprendre la relation où on l'a laissée sans en changer la dynamique, sans analyser les causes de la première séparation, ni envisager le consensus qui pourrait la rendre positive, ne mène à rien. Le choc de la rupture peut favoriser la mise en place de changements profitables et rendre un nouveau départ possible. Un deuxième essai peut aussi servir à soulager temporairement la souffrance induite par la séparation. Si ce deuxième essai ne fonctionne pas et qu'il mène à une seconde rupture, définitive celle-ci, alors il aura contribué à dissiper les doutes qui subsistaient et à confirmer la décision de se séparer.

Jouer les prolongations

Au-delà de l'évitement lié à la souffrance et au refus de perdre l'autre, certaines situations peuvent générer un statut inhabituel, se situant quelque part entre l'engagement ferme et la séparation totale. Des épreuves peuvent survenir et les personnes impliquées peuvent avoir besoin de temps pour réfléchir, ou d'aménagements relationnels originaux pour composer avec une situation unique, qu'elle soit temporaire ou permanente. Ces situations requièrent de la compréhension, de l'ouverture et souvent la collaboration de l'entourage du couple. Il faut considérer que les partenaires aux prises avec ces situations singulières tentent de composer le mieux possible avec celles-ci, et pas nécessairement de se défiler devant une épreuve.

Une colocation temporaire

Il arrive que des couples divorcés ou séparés cohabitent pour limiter les impacts de la rupture sur la vie de leurs enfants ou pour préserver une qualité de vie, quand ils n'ont pas les moyens de payer un deuxième loyer. À l'image de colocataires, ils dorment dans des chambres séparées et élaborent un plan de gestion des tâches parentales qui prend en compte à la fois la séparation et les besoins des enfants, comme une sorte de garde partagée qui se ferait sous le même toit. Très souvent, les parents conviennent de ne pas inviter de nouveau partenaire dans l'espace familial et certains utilisent un pied-à-terre pour profiter des soirées où ils n'ont pas la responsabilité des enfants. Cet aménagement peut sembler pratique mais implique des tensions à long terme. Par exemple, quand l'un des deux parents s'engage plus sérieusement dans une autre relation, le nouveau partenaire peut être réticent à accepter une telle situation.

En cas d'absence prolongée...

Certains couples, relativement satisfaits de leur relation, décident d'assouplir leur cadre conjugal quand ils sont confrontés à une séparation qui s'étend sur plusieurs mois. Par exemple, quand l'un des deux conjoints part à l'étranger pour un projet de travail indéfini, ou de longue durée. Un éloignement qui dure longtemps peut être difficile à vivre. Les personnes qui ne tiennent pas mordicus à l'exclusivité, celles qui sont réticentes aux contacts par téléphone ou Internet, ou celles qui ne croient simplement pas à l'amour à distance, peuvent alors ajuster les règles de leur engagement. Elles vont se permettre d'entretenir des relations avec d'autres personnes ou convenir qu'elles ne sont plus officiellement ensemble. Malgré cela elles demeurent plus ou moins en lien durant la séparation et réévaluent concrètement leur situation au retour de celui ou celle qui était parti(e) à l'étranger.

Les accidents de parcours

Certains couples qui ont vécu une grande partie de leur vie ensemble se voient confrontés à un choix de rupture cornélien quand l'un des deux partenaires est atteint d'une maladie chronique grave. La variété de maladies possibles est grande – cancers, maladie d'Alzheimer, sclérose en plaques, maladie de Parkinson – et leur apparition modifie l'équilibre conjugal. De la même façon, un accident peut survenir et causer un handicap significatif ; un conjoint qui perd la vue ou devient quadraplégique ne sera plus le même. Il serait ardu de prévoir comment chacun réagirait face à une telle situation, et les ententes ou promesses préalables deviennent caduques une fois confrontées à une situation réelle. Devenir l'infirmier attitré de son mari ou de sa femme pendant des années s'avère difficile à envisager, et il faut plus que de l'amour pour passer à travers une telle épreuve. D'une part, il n'est pas acquis que le partenaire bien portant acceptera de prendre soin de l'autre. Si le conjoint malade ou handicapé reçoit des soins auxquels son partenaire contribue de façon limitée, cela n'implique pas qu'il demeurera amoureux et qu'il ou elle aura envie de maintenir le couple. Enfin, même si le partenaire bien portant est dévoué et demeure amoureux, il se peut que l'autre, se sentant diminué et trop habité par sa nouvelle condition, soit incapable d'accepter cet amour et décide de « libérer » son partenaire. Cependant, une bonne partie des couples confrontés à cette situation décident de ne pas laisser la maladie les priver l'un de l'autre. Ils aménagent alors leur vie à deux afin de mieux vivre leur situation. Par exemple, le partenaire bien portant pourra s'accorder des sorties en solo, ou participer à des activités sans être toujours accompagné de son conjoint ou sa conjointe, limité(e) par sa santé. L'amour et la relation sont bouleversés face à un accident ou une maladie, certes, mais peuvent durer et vivre encore.

Une identité sexuelle floue

Au cours des dernières décennies, l'ouverture à l'égard de l'homosexualité a beaucoup évolué. Sur les continuums de l'orientation et de l'identité sexuelle, les positions se multiplient et peuvent changer chez une même personne au cours de son développement. Par exemple, un homme convaincu de son hétérosexualité peut construire sa vie avec une femme, puis se voir révéler une attirance pour les hommes, et décider de s'adonner à ses pulsions, à l'insu de sa femme ou avec son accord. Certains couples vont décider d'intégrer ce type d'attirance en incluant une autre personne dans leurs pratiques sexuelles. Un homme ou une femme qui apprend l'attirance de son partenaire pour des personnes du même sexe pourra convenir de le laisser explorer cette voie, avant de décider de le quitter. Si ces couples sont très satisfaits de leur relation et qu'ils ne veulent pas y renoncer, des compromis sont possibles. Il est curieux de constater que certaines personnes ne se sentent pas trahies par leur partenaire si celui-ci a des rapports sexuels avec une personne du même sexe… Parce qu'elles estiment cette configuration rassurante. L'homme pensera, par exemple : *« Elle va avec une autre femme, ce n'est pas comme si elle me délaissait pour aller avec un autre homme que moi. »* S'il ne se sent pas menacé, si les sentiments amoureux ne sont pas remis en question et qu'il s'agit surtout d'explorer une autre voie sexuelle, cette option peut être tolérée. Il est rare toutefois que les deux membres du couple trouvent leur compte, à long terme, dans une telle situation et, tôt ou tard, celui ou celle qui se découvre des envies homosexuelles est appelé(e) à choisir.

Ensemble ou pas ?

Tant qu'il y a de l'amour, il y a de l'espoir ? Il est naturel de vouloir éviter de souffrir, de se protéger de la tristesse, de la douleur et du malheur. La rupture est une crise, et la période qui suit est vécue comme un combat. Au terme de celui-ci, nous sommes soulagés en constatant que nous allons bien, que nous nous sommes retrouvés et que le ressentiment lié à la rupture appartient désormais au passé. Toutefois, pour éviter la crise ou le combat, l'annonce de la séparation ou la période de déprime qui la suit, certaines personnes choisissent la rupture partielle. La relation n'est alors pas vraiment finie, pas vraiment vivante non plus.

Prendre une décision, c'est prendre un risque. Nous devons nous déterminer, au risque de nous tromper, et d'être plus malheureux encore. Mettre fin à une relation, c'est laisser mourir en soi les sentiments et les souvenirs reliés à une personne que l'on a aimée.

Un lien qui persiste, entre l'amitié et l'amour, retarde ces actions douloureuses. Cependant, les personnes qui se trouvent dans une telle position sont rarement satisfaites. Elles souffrent, ressentent de l'ambivalence et des tensions. Elles se questionnent et sont obnubilées par cette union sans but, qui stagne. L'ambivalence peut durer des mois, voire des années, au terme desquels les membres du couple se sentent perdus.

Une période de réflexion est une chose… Un long naufrage en est une autre. Il nous faut douter de façon active, nous poser des questions précises et respecter un cadre pour que cette période de réflexion porte ses fruits. Or, dans la rupture partielle, les partenaires sont en attente et évitent certaines questions compromettantes. Ainsi, aucun des deux n'est officiellement disponible pour se lancer dans une nouvelle histoire. Et à la souffrance intense de la rupture se substituent la tension et le doute, qui s'avèrent tout aussi douloureux que la perte et durent beaucoup plus longtemps.

Au fil des ans, Lisa et Franck sont devenus codépendants. Leur vie de couple les rend malheureux... Mais envisager une séparation les attriste tout autant. Alors, après plusieurs tentatives de rapprochements et de changements, Lisa et Franck abandonnent la bataille, sans pour autant se quitter. Ils continuent de vivre sous le même toit et vaquent chacun à leurs occupations, sans vraiment se considérer mutuellement. Ils ne partagent quasiment aucune activité, se parlent peu et ne prennent plus soin l'un de l'autre.

Pourquoi Lisa et Franck ne se séparent-ils pas ? Dans de nombreux cas, les couples continuent de vivre ensemble pour des raisons pratiques ou financières, par habitude ou encore par manque d'énergie. Très souvent, l'un ou l'autre des partenaires entretient une autre relation amoureuse à l'extérieur, ce qui est toléré implicitement par son conjoint. Ce type de vie commune est rarement choisi activement ; il est plus souvent la conséquence d'un laisser-aller, d'une passivité.

Sortir de l'impasse

Les situations et les épreuves de la vie sont aussi variées que les façons de composer avec celles-ci. Comment se retrouver dans ce vaste champ des possibles ? Comment éviter de sombrer dans l'impasse d'un arrangement, qui au fond ne nous convient pas vraiment ?

Les situations floues, l'ambiguïté et l'engagement partiel peuvent générer de l'insécurité et de l'anxiété. Il est difficile de se projeter et d'avancer avec une personne qui hésite à nous choisir véritablement, autant que d'assumer ce choix dans sa vie quotidienne, et les renoncements inhérents à une véritable séparation. Attendre indéfiniment que notre partenaire hésitant nous choisisse défie indéniablement notre sérénité. L'attente et la soumission sont des positions dévalorisantes et peu attirantes. Certains d'entre nous tolèrent trop longtemps l'indécision de leur partenaire, par peur de le perdre, et finissent par se vider de toute énergie, bloquant ainsi toute prise d'initiative face à l'impasse.

Si nous aimons notre partenaire, que nous sommes disposés à nous engager, mais que celui-ci hésite en invoquant la peur, bien qu'il affirme nous aimer, nous pouvons lui laisser du temps pour réfléchir. Cependant, il convient de délimiter ce temps, car après des mois d'attente, pendant lesquels notre partenaire peut jouir de la relation sans se compromettre, il est possible qu'il ne trouve pas d'avantage à se positionner clairement. Il se peut aussi que, en voulant nous montrer tolérants, nous perdions tout attrait aux yeux de notre partenaire. Car nous lui renvoyons en fait une image passive de notre personne, emprisonnée dans notre dépendance, au profit de sa dominance.

Il est vivement recommandé de devenir actif dans la décision, de choisir au lieu de subir, de prendre conscience de nos besoins et de nos limites au lieu d'attendre. Pour ce faire nous pouvons modifier notre questionnement, passer de *« M'aime-t-il ? Me choisira-t-elle ? »* à *« Combien de temps suis-je prêt à attendre encore ? »*, *« Cette situation me convient-elle vraiment ? »*, *« En restant ainsi, notre engagement va-t-il se concrétiser ? »*. Changeons de perspective. Le sentiment amoureux et l'investissement dans une relation nous rendent parfois aveugles, au détriment de notre bien-être.

Si nous sommes malheureux, tendus et en attente depuis des mois, considérons que ce résultat est une réponse en soi. Enfin, composons avec les éléments que nous connaissons, avec la personne telle qu'elle est, sans l'attendre en espérant un changement de sa part. Par exemple, si nous voyons d'un mauvais œil la consommation importante d'alcool ou de drogue de notre partenaire, et qu'il ou elle nous promet d'y remédier depuis des années, il convient plutôt de nous demander si nous sommes capables de faire une croix sur nos attentes.

Laissez-vous guider...

Si envisager une consultation chez un thérapeute vous rebute, vous pouvez appliquer certains principes généraux pour sortir de l'impasse.

1/Passez d'une position passive à une position active.

- Au lieu d'attendre, mettez-vous en action.
- Opérez des changements dans votre attitude, dans vos activités.
- Formulez des demandes à votre partenaire.
- Identifiez des critères qui vous donneraient envie de rétablir la relation.

2/Établissez un temps limite à la durée de la relation ambiguë.

- Délimitez une période de temps raisonnable pendant laquelle vous pouvez tolérer l'indécision de votre partenaire, sans trop souffrir de son ambivalence.
- N'ayez pas peur de le perdre en lui indiquant vos limites.

3/Changez de perspective.

- Passez de la peur de le perdre à la peur de vous perdre vous-même.
- Examinez les éléments rationnels de la relation au lieu de ne prendre en compte que les éléments émotifs. Par exemple :
  - « J'ai mal » doit devenir « Je sais que je vais pouvoir m'en remettre si je le perds » ;
  - « Je dois le garder à tout prix » doit devenir « J'ai de la valeur moi aussi » ;
  - « Je ne suis rien sans lui » doit devenir « Je mérite d'être bien traité moi aussi ».
- Pensez à vos propres doléances face à cette relation et à votre partenaire.

4/Ayez des attentes réalistes.

- Acceptez la personne telle qu'elle est, sans espérer qu'elle change du tout au tout.
- Si elle est engagée dans une autre relation, n'attendez pas qu'elle rompe et demandez-vous si cette situation vous convient telle qu'elle est actuellement.

•••/

\•••

- Si votre partenaire ne fait aucune démarche pour améliorer un comportement qui a généré des problèmes dans votre couple, n'espérez pas qu'il se transforme ou qu'il guérisse par miracle.
- Comparez ses actions concrètes avec ses paroles et promesses.

Chapitre 6

Une douleur fulgurante

Souffrance et séparation vont de pair. Ce n'est pas un hasard si la rupture amoureuse inspire depuis toujours les écrivains, les auteurs, les compositeurs et les artistes. Le répertoire de la chanson francophone en témoigne : *Ne me quitte pas* de Jacques Brel, *Tout* de Lara Fabian ou encore *Elle m'a dit* de Cali, pour ne nommer que celles-ci, sont autant de compositions qui évoquent la douleur fulgurante causée par la rupture.

Il peut arriver qu'une séparation se passe en douceur, notamment dans le cas où les partenaires qui étaient amis avant d'être en couple constatent après quelque temps que leur relation n'ira pas plus loin. Ou encore quand le couple qui a tout essayé pour maintenir la relation préfère rompre en bons termes pour préserver le bien-être des enfants. Néanmoins, dans bien des cas, la souffrance d'avoir perdu l'être aimé peut devenir insupportable, au point de vouloir en mourir[1].

1. Nous traiterons plus en détail au chapitre 9 les signes de détresse à prendre au sérieux quand la personne quittée n'arrive plus à surmonter sa peine (page 131).

L'amertume de l'impuissance

La rupture, particulièrement pour la personne qui est quittée, laisse souvent une blessure profonde qui met du temps à guérir. Certes, l'autre ne meurt pas, mais nous sommes tout de même confrontés à la fin d'une relation importante, d'un projet de vie à deux et d'un avenir que l'on avait espéré. Le fait d'être quitté peut entraîner une remise en question de soi éprouvante. Notre estime est écorchée et nous demandons : *« Qu'est-ce que j'ai ou que je n'ai pas qui a entraîné la fin de la relation ? »*

Être abandonné, se faire plaquer, se faire larguer, être laissé… sont autant d'expressions et de sentiments pénibles que nous exprimons et éprouvons lorsque l'être aimé nous quitte. Un terme équivalent à une certaine époque ou dans certaines cultures serait *répudier*, qui a la même racine que le mot *repousser*. Cela traduit assez précisément la sensation qui nous envahit lorsque nous subissons la rupture.

La personne quittée, même si elle n'est pas irréprochable sur le plan de ses comportements et attitudes au cours de l'histoire qui s'achève, n'en éprouve pas moins un intense sentiment de rejet. Même si elle n'a pas été parfaite, même si dans un sens elle peut être tout aussi responsable de cette rupture, même si elle comprend la décision de l'autre et tente de l'accepter, cette personne reste celle qui est abandonnée. De plus, elle vit un grand sentiment de perte de contrôle. Dans la société occidentale où les gens ont l'impression de maîtriser leur vie, et la plupart des éléments qui la composent, rares sont les situations réelles de perte totale de pouvoir. Ainsi, la rupture subie, la perte d'un pilier de sa vie, d'une composante à laquelle nous avons le sentiment de nous être consacrés, est presque un événement anormal, supposé ne jamais survenir. Pourtant, du moment que l'on s'engage dans une relation amoureuse et même si l'on fait de son mieux pour que celle-ci fonctionne et dure, il nous faut accepter le fait qu'elle puisse nous échapper.

La rupture, pour la personne quittée, s'accompagne habituellement d'un grand sentiment d'injustice. Dans d'autres situations, au travail par exemple, le licenciement après des mois ou des années d'efforts et de loyaux services entraînerait ce même sentiment, qui pourrait être compensé par un recours aux tribunaux. Mais en amour, le bon rendement et les efforts ne sont pas toujours récompensés et l'injustice, qu'elle soit perçue ou réelle, ne pourra empêcher la rupture.

Bien sûr, il est fréquent que la personne quittée ait perçu ou entendu clairement des doutes, des insatisfactions de son partenaire pendant des mois, voire des années avant que celui-ci ne prenne l'ultime décision. Mais le fait d'être informé de la « sentence » n'atténue pas la douleur. Lorsque nous regardons un film d'horreur, la musique d'ambiance qui précède un élément de surprise a pour effet de programmer une réaction forte chez nous autres spectateurs, plutôt que de nous préparer au choc.

En tant que victimes de la rupture, nous passons, en l'espace d'un instant, de l'espoir au désespoir. Notre cœur se brise. Nos efforts, qu'ils soient sains ou non, ont échoué. Nous sommes rabaissés, rejetés après avoir donné le meilleur de nous-mêmes. La personne que nous aimons le plus au monde nous refuse son amour ; c'est un drame. Malgré notre ego blessé, nous devons accepter cette situation, respecter l'autre et poursuivre notre vie. Pourtant nous sommes seuls. Une nouvelle donne que nous n'avons pas choisie nous est attribuée, et nous sommes en proie à une grande souffrance…

La souffrance, un mal invisible

La souffrance est décrite comme un mal moral et physique. Elle renvoie également à la notion de subir, d'endurer, donc à l'absence de choix. La souffrance est un mal invisible, impalpable, ce qui la rend encore plus intolérable. Nous ne pouvons pas l'anticiper, ni prévoir sa durée. *« Docteur, vais-je avoir mal deux semaines, un mois, un an ou une vie ? »* La rupture provoque une blessure, et la blessure provoque une souffrance. *« L'annonce de la séparation m'a choqué. Comme si l'on me donnait un coup de poing, une grosse claque… Un coup de poignard. »* La personne quittée ressent une douleur vive, insupportable même, lorsqu'elle apprend la nouvelle. Par la suite, au fil des jours, la blessure s'estompe. Elle ne refait surface que si l'on « gratte la plaie », comme au moment où l'on revoit la personne aimée ou lorsqu'on entend une mélodie qui nous rappelle les jours passés en sa compagnie.

Il s'agit plus d'une douleur morale dite narcissique dans le langage analytique. Notre estime de nous est alors mise à mal, comme si l'autre avait détruit, en partant, la bonne image que nous avions de nous-mêmes. *« Comment a-t-il pu me faire cela à moi ? Je lui ai tout donné de mes dix dernières années. » « Elle n'avait pas le droit de mettre fin à notre relation ! »* De plus, la perception de la souffrance a évolué avec le temps. Autrefois, tout être humain devait souffrir pour

« gagner son ciel ». La souffrance représentait même la raison d'être sur la terre. Dans la société actuelle, le rapport humain à cette émotion semble être passé à l'opposé. Chantal Thomas[1], dans son ouvrage *Souffrir*, résume bien comment nous percevons désormais la souffrance : *« Souffrir est mal vu, comme si cela laissait soupçonner un manque d'adaptation à l'idéal partout proclamé d'un bonheur éclatant, une faiblesse coupable, une conduite d'échec. »*

Cette perception de la souffrance peut expliquer le malaise et parfois l'impatience de l'entourage face à la personne en deuil d'un amour perdu. Il n'est pas rare d'entendre après quelques semaines : *« Ressaisis-toi ! Il n'en vaut pas la peine. Concentre-toi sur ton travail, tes enfants. La vie continue ! »* Sans que notre entourage réussisse à se l'avouer, notre douleur le met en contact avec sa propre peur d'être quitté.

Lors d'une rupture, nos craintes fondamentales refont surface : peur de l'abandon, angoisse d'être rejetés et d'être imparfaits. Nos premières expériences d'attachement et de rupture, notamment celles que nous avons vécues dans notre enfance, influencent considérablement la façon dont nous vivons nos relations et nos séparations.

Hanté par d'anciennes croyances

La personnalité, la façon de penser et les expériences du passé peuvent grandement influencer les réactions et l'intensité de la douleur ressentie lors d'une séparation. Dans son ouvrage *Je réinvente ma*

1. Thomas Chantal, *Souffrir*, Éditions Payot et Rivages, 2004.

vie[1], Jeffrey Young, auteur d'approche cognitivo-comportementale, démontre le développement des croyances précoces qu'il qualifie de schémas. Nous grandissons tous dans un certain milieu social, une famille, et entretenons des liens spécifiques avec les membres de cette dernière. Ces valeurs et interactions sont le fondement de nos croyances, sur lesquelles se construisent nos schémas, c'est-à-dire notre manière d'être en relation, d'interagir avec les autres et avec nous-mêmes. Ainsi, notre vécu d'enfant laisse son empreinte profonde, et influence nos fonctionnements pour le reste de notre vie. En effet, nos schémas affectent nos perceptions, nos émotions et conditionnent nos relations sociales. Jeffrey Young a identifié onze schémas fondamentaux chez l'être humain, tels que celui de la méfiance et des abus, celui de la vulnérabilité ou celui de la carence affective. Attardons-nous ici sur trois schémas qui ont un lien particulier avec la rupture amoureuse : le sentiment d'abandon, le sentiment d'exclusion et le sentiment d'imperfection.

« Je t'en supplie, ne me quitte pas »

Les personnes qui souffrent du sentiment d'abandon sont les plus affectées par les ruptures. Elles craignent de rester seules toute leur vie et se sentent vulnérables, surtout dans les relations intimes. La personne qui vit dans la crainte d'être abandonnée développe une hypersensibilité à la critique et à toutes formes d'abandon – séparation, perte réelle, départ, déménagement, mort d'un proche. Si vous souffrez de ce sentiment d'abandon, peut-être avez-vous été un enfant *surprotégé*, *négligé* ou peut-être avez-vous *vécu des pertes réelles*.

1. Young Jeffrey E., Klosko Janet S., *Je réinvente ma vie*, Éditions de l'Homme, 1995.

Dans le premier cas, l'enfant surprotégé par des parents anxieux développe une angoisse à l'idée de vivre seul et d'en être incapable, ce qui le lie également au schéma de dépendance. Il a besoin d'être rassuré, et ce dans toutes ses activités quotidiennes. À l'âge adulte, il ressent le besoin pressant d'être pris en charge, comme un enfant. Suite à une rupture amoureuse, il ne pourra pas tolérer la solitude et développera une habileté particulière à repérer des gens qui pourront s'occuper de lui. Les personnes aux prises avec un tel schéma passent souvent rapidement d'une relation amoureuse à l'autre, et évitent autant que possible la solitude entre chaque relation.

Dans le second cas, l'enfant négligé a vécu des liens affectifs instables avec des parents peu fonctionnels. Ceux-ci peuvent être affectés par des problèmes d'alcoolisme, de toxicomanie, des troubles psychiatriques ou des démêlés avec la justice. D'autres enfants dits négligés ont fait l'expérience d'un lien affectif satisfaisant, mais qui a été interrompu brusquement par le décès ou le départ de l'un de ses parents. L'enfant craint d'être abandonné, toutefois il sait qu'il peut fonctionner sans le support parental. Il est marqué par une carence affective. Devenu adulte, il ne supporte pas d'être séparé des personnes qui lui sont chères. Au contraire de l'enfant surprotégé qui se trouve dans un schéma de dépendance, les personnes souffrant de carence affective peuvent rester seules très longtemps. Elles peuvent même rompre une relation d'intimité pour éviter de souffrir. Elles ont connu la solitude dans leur enfance et savent qu'elles peuvent y survivre. C'est le processus de deuil, la rupture du lien, qui les fait souffrir et qu'elles veulent éviter.

Alexandre vient de finir ses études et quitte le domicile familial pour s'installer avec Joanna, sa compagne. Il multiplie les attentions, se met en quatre pour la satisfaire et ne cesse de lui clamer son amour, ainsi que sa joie de vivre auprès d'elle. Cependant, il éprouve rapidement une grande tristesse devant ce qu'il croit être la non-réciprocité des sentiments de Joanna à son égard. « Je sais bien qu'elle ne m'aime pas autant que je l'aime. Parfois je la sens distante et, depuis qu'elle travaille, je ne la vois presque plus. J'ai peur qu'elle ait rencontré quelqu'un d'autre. L'autre jour, je me suis même surpris à regarder les messages qu'elle recevait sur son téléphone portable... J'ai si peur qu'elle me quitte. » À mesure que les tourments d'Alexandre s'amplifient, la relation avec sa compagne se dégrade. Joanna lui reproche alors de l'étouffer, de ne pas lui faire confiance. Face à son impuissance à calmer les angoisses d'Alexandre, elle se réfugie de plus en plus dans son travail, creusant ainsi le fossé entre elle et son compagnon.

Éloigné de sa famille pour la première fois, Alexandre reporte toute son affection et son attention sur sa compagne. Il ne comprend pas l'attitude distante de cette dernière, qui dit pourtant l'aimer. Peu démonstrative, Joanna est aux antipodes de ce qu'Alexandre a connu avec ses propres parents, toujours inquiets et aux petits soins pour lui.

Lorsque, comme Alexandre, nous souffrons de ce sentiment d'abandon, nos relations amoureuses sont plutôt turbulentes, ni calmes ni stables. L'angoisse de perdre l'autre plane au-dessus de notre tête comme une épée de Damoclès. La moindre expression d'insatisfaction de notre partenaire est interprétée comme une menace à la relation et une intention de rompre. Souvent, nous manifestons de la jalousie, de la possessivité qui provoque inévitablement des conflits et mène parfois à la rupture. Nous entrons ainsi dans la valse des ruptures et des réconciliations.

Cette croyance que l'on va être abandonné est si profondément ancrée en nous qu'elle nous propulse inconsciemment vers des partenaires fuyants, distants, qui confirment la « malédiction » dont nous sommes frappés. Ainsi, nous allons nous attacher plus facilement à un homme ou une femme marié(e), à un partenaire peu disponible – souvent en déplacement, très investi dans son travail, qui habite loin de nous –, ou encore à un alcoolique, un toxicomane, une personne incapable de garder un emploi. Nous pouvons aussi rencontrer un ou une partenaire immature – qui souhaite rester libre, sans attaches –, ou entretenir une relation amoureuse avec une personne ambivalente, qui dit nous aimer tout en gardant ses distances.

Modifier un tel schéma requiert du temps. Ainsi, nous aurons intérêt à trouver un ou une partenaire qui peut nous offrir une stabilité émotionnelle. Nous aurons alors à apprivoiser ce type de relation et recommencer à croire que l'autre nous aime, que nous pouvons nous débrouiller seuls, même si l'autre n'est pas toujours présent, ou trouver un bien-être dans une relation amoureuse, même si le désir de rompre pour se protéger refait surface.

« Je me sens à part » ou « Je ne suis pas assez bien »

Être quitté provoque d'emblée un sentiment de rejet. Il est naturel de se sentir rejeté en apprenant que l'on a été trompé ou que notre partenaire avoue ne plus nous désirer ou nous aimer. *« Qu'est-ce que je n'ai pas fait ou que je n'ai pas, qui justifie que l'on me quitte ? »*, tel est le réflexe que nous avons tous. Toutefois, si nous avons été, enfants, victimes de moqueries ou d'humiliations, ce sentiment de rejet ou d'exclusion est d'autant plus ravivé lors d'une séparation.

L'impression de rejet se définit par le fait de se sentir à l'écart, car peu désirable ou différent. Bien sûr, nous souffrons tous à des degrés divers de ce sentiment. Mais les personnes qui en raison de leur différence – apparence, taille, handicap visible ou classe sociale minoritaire, orientation sexuelle en marge – ont fait rire d'elles ou ont été victimes de discrimination sont plus susceptibles de développer un tel schéma.

Les personnes marquées par le sentiment de rejet ou d'exclusion peuvent être timides en société – rencontres, réunions, etc. – au point de vouloir l'éviter. Certaines d'entre elles éprouvent de la difficulté à s'affirmer, de peur de déplaire ou de subir des moqueries. Elles vivent dans la hantise d'être jugées et de ne pas être à leur place, comme lorsqu'elles étaient dans la cour de l'école. De plus, elles ignorent comment communiquer avec leurs pairs et se croient inintéressantes. Elles se comparent négativement aux autres : *« Cette fille est plus belle, plus intelligente et plus intéressante que moi. »*

Certaines personnes vont compenser ce schéma en développant d'autres qualités ou talents. L'enfant dénigré par ses camarades de classe peut ainsi devenir très studieux ou exceller dans la pratique d'un instrument pour se démarquer, dans l'espoir d'être enfin reconnu et accepté un jour. D'autres réussissent à survivre au sentiment d'exclusion en se liant avec des personnes marginales, qui pensent et vivent comme eux.

Camille, une jeune femme de trente ans, poursuit des études de sociologie. Elle vit dans un petit appartement et tente de se consacrer à son travail. Cependant, elle n'y parvient pas, envahie par une tristesse indéfinissable.

Après des années de célibat, elle a rencontré Cyril, un beau jeune homme dont elle est tombée éperdument amoureuse. Ce dernier lui fait vivre des instants magiques... avant de disparaître des semaines entières, sans que Camille sache pourquoi. « Je ne comprends pas ses absences prolongées. Nos rencontres sont si intenses ! Il apparaît sans prévenir et repart quelques heures plus tard. Parfois, je me dis qu'il n'est avec moi que pour le sexe. Je voudrais une autre relation, j'ai même imaginé que nous pourrions faire notre vie ensemble, mais je ne pourrai jamais lui en parler. Tant pis, je préfère me contenter de le voir une fois de temps en temps que pas du tout. »

Camille peine à s'épanouir dans sa vie sociale, professionnelle et amoureuse. Lorsqu'elle regarde ses photos de jeunesse, elle constate avec amertume qu'elle était « grosse ». Elle se souvient des railleries de ses camarades, du regard désapprobateur que les gens posaient sur elle dans la rue. Cette « différence » a profondément écorché son estime d'elle-même. La blessure n'a pas disparu. Elle est même tellement présente que la jeune femme se refuse le droit de réussir et d'être aimée.

Lorsque nous sommes marqués par le schéma d'exclusion, nous pouvons demeurer dans une relation malgré les insatisfactions évidentes qu'elle apporte. Nous redoutons de ne pas pouvoir trouver un ou une autre partenaire. Par ailleurs, très souvent, nous éviterons d'amorcer une relation par crainte d'être jugés ou rejetés. Un cercle vicieux s'installe alors, car en évitant ces rencontres, nous nourrissons l'idée que personne ne fait cas de notre existence.

Comment faire pour briser ce cycle infernal, pour diminuer ce sentiment ? La solution consiste surtout à reconnaître nos forces, nos qualités, puis à accepter nos différences et limites.

Au bout d'un an de relation avec Cyril, Camille se décide à lui ouvrir son cœur. Un soir, elle lui avoue son amour, la souffrance qu'elle éprouve de ne pas le voir plus souvent et son envie de construire sa vie avec lui. Celui-ci semble surpris et finit par lui répondre qu'il ne l'aime pas. Il prend plaisir à vivre ces soirées impromptues avec elle, leurs rapports physiques intenses et fugaces, mais il ne souhaite « pas plus ».

Après le départ de Cyril, Camille s'effondre. Elle déprime plusieurs semaines durant avant de reprendre pied. Elle fait alors le point sur son histoire et se rend compte qu'elle a participé à son propre malheur. En laissant Cyril décider de leur mode relationnel, en taisant ses sentiments et en lui ouvrant la porte à chaque fois qu'il le souhaitait, elle lui a laissé croire qu'elle appréciait leur relation. Elle décide de se respecter davantage, de laisser plus de place à l'autre, tout en restant fidèle à elle-même. Camille décide aussi de sortir plus souvent, pour favoriser les rencontres, et de s'investir plus activement dans ses études, qui n'ont que trop traîné.

La jeune femme a pris conscience qu'elle entretenait son sentiment de rejet et a décidé de mettre fin au cercle vicieux dans lequel elle s'était enfermée. Progressivement, elle prend plus d'assurance en société. Elle s'autorise à viser plus haut et à s'ouvrir à d'autres personnes, y compris aux hommes.

« Je ne vaux rien »

Le sentiment d'imperfection est un état intérieur, caractérisé par la honte et la peur que nos défauts ne soient découverts. Les personnes marquées par ce schéma sont enclines à se présenter en psychothérapie. Elles se déprécient : *« Je ne vaux rien »*, *« Je suis imbécile »*, *« Je n'ai rien à offrir »*. En revanche, en société, certaines évitent de se montrer vulnérables et affichent plutôt une apparence d'assurance – narcissisme masqué.

Durant leur enfance, les personnes marquées par ce schéma se sont senties indignes d'amour et de respect. Elles ont subi les critiques et le rejet d'un parent ou d'un membre de leur famille. Par exemple :

- un frère ou une sœur, qui les critiquait ou les punissait ;
- des parents très exigeants ou autoritaires dont l'enfant se sentait constamment l'objet de déceptions ;
- un membre de la famille qui commettait des abus physiques, sexuels ou psychologiques.

Se sentir indigne d'être aimé influence considérablement la manière dont nous vivons nos relations amoureuses. Ainsi, nous vivons des aventures à répétition, et sommes attirés par des personnes qui jugent, qui critiquent ou sont inaccessibles.

> À quarante ans, Jérôme a choisi d'être célibataire. Ses amis le décrivent comme un « grand ado » qui passe de femme en femme, sans se poser de questions. « J'aime les aventures sans lendemain... Pourquoi s'embêter à construire une vie de famille, et se réveiller un beau matin en constatant que notre épouse n'est plus aussi belle qu'avant et que nos enfants sont ingrats ? Très peu pour moi ! »

Jérôme ne s'aperçoit pas que, dans son discours, il projette ses propres angoisses sur les autres. Il refuse de s'investir dans une relation par peur de ne plus être aussi beau dans les yeux d'une hypothétique épouse, plus assez performant. Dans son esprit, s'il décidait d'être père, Jérôme décevrait forcément ses enfants et ne récolterait que de l'ingratitude. En vivant des histoires courtes et passionnées, Jérôme évite de se révéler, de montrer ses qualités et ses défauts. Il ne met en avant que ses atouts, afin de correspondre à l'image parfaite que l'on attend de lui – du moins le croit-il…

Comme Jérôme, ceux d'entre nous qui souffrent du sentiment d'imperfection cachent leur soi véritable à leur partenaire. Or, cacher demande beaucoup d'énergie et le masque tombe inévitablement un jour ou l'autre… À long terme, nous sommes donc voués aux relations courtes et à la solitude, si nous persistons dans cette voie.

Certains d'entre nous parviennent cependant à nouer des relations plus pérennes, mais se confrontent à de nouvelles difficultés. Les autres étant toujours plus « parfaits » que nous, ils représentent une menace permanente et nous poussent à nous montrer jaloux et possessifs à l'excès vis-à-vis de notre partenaire. *« Je t'ai vue regarder cet homme, tout à l'heure, dans la rue ! Si, tu regardais ses yeux verts… Tu n'aimes pas les miens, c'est ça ? Ils ne sont pas assez beaux pour toi ? »* Certains d'entre nous, enfin, demandent systématiquement à leur partenaire des preuves d'amour, tant leur besoin d'être rassurés est immense.

Quel que soit le cas de figure dans lequel nous nous trouvons, la sérénité de nos relations amoureuses est menacée. Comment faire alors pour se détacher de ce sentiment d'imperfection ? Il convient tout d'abord de porter un regard plus indulgent sur nous-mêmes, de cesser de nous fustiger au quotidien et d'examiner concrètement les atouts et faiblesses que nous possédons réellement. Puis, peu à peu, nous pourrons accepter de nous dévoiler face à un partenaire aimant et confiant, qui ne pointe pas systématiquement nos défauts du doigt mais qui valorise, au contraire, nos qualités – car nous en avons !

Une expérience qui se répète

Comme nous venons de le voir, nos expériences ou nos liens d'attachement passés jouent un rôle déterminant dans la manière dont nous pensons et agissons, en particulier dans nos relations intimes. Elles peuvent donc nous fragiliser ou nous protéger lors d'une séparation.

Si nous avons été aimés par nos parents et nos proches, nous savons que nous sommes aimables. L'estime que nous avons de nous-mêmes est donc solide, et si elle est ébranlée face à une séparation, elle s'avère un atout important pour traverser cette épreuve. Au contraire, nos expériences d'abandon et de négligence nous rendent plus vulnérables, et ces blessures ou carences refont surface à chaque expérience de séparation.

Par ailleurs, le processus de *fusion-séparation-individuation* est constamment en action dans l'ensemble des relations interpersonnelles, mais surtout dans la relation de couple. Ce processus fait partie du développement humain. Dans son livre *Les dynamiques amoureuses : entre désirs et peurs*, Rose-Marie Charest[1] explique que, dès la naissance et dans les premières années de sa vie, l'enfant est en fusion avec sa

1. Charest Rose-Marie, *Les dynamiques amoureuses : entre désirs et peurs*, Bayard Canada Livres, 2008.

mère, pour assurer sa survie. Le rôle de la mère est de l'aider à se séparer d'elle, de l'accompagner progressivement vers l'autonomie. L'enfant a alors besoin d'objets de transition – doudou, tétine – et développe peu à peu une sécurité intérieure qui dissipe son angoisse de séparation d'avec sa mère.

Les liens développés avec le père facilitent cette période délicate, qui marque la fin de la fusion. Au début de son développement, l'enfant « teste » la mère et le père en s'opposant à eux – phase du « non » – et vérifie ainsi leurs limites. Ce faisant, il constate qu'il peut être aimé, même s'il ressent de la colère pour l'autre. L'enfant constate également qu'il peut vivre toute une gamme d'émotions et les exprimer sans risquer de perdre l'estime de ses parents. Il réalise alors que l'amour n'est pas uniquement synonyme de fusion.

Si nos parents ont « mal » joué leur rôle dans ce processus, si ce dernier ne s'est pas bien déroulé, nous sommes prédisposés aux séparations douloureuses. En tant qu'adultes, il nous appartient alors de travailler à rétablir des relations plus sereines.

Comment arriver à conserver son identité tout en étant uni à l'autre ? Voilà le principal défi de la relation de couple. Les partenaires qui ont su maintenir une distance psychologique entre eux en se réservant du temps à soi – loisirs, amis, travail – ont pu apprivoiser cette triade fusion-séparation-individuation. Ils savent qu'en étant séparé de l'autre, leur amour demeure intact, tout comme leur identité.

Heureusement, ce n'est pas parce que nous avons vécu des expériences négatives d'attachement dans l'enfance que tout est joué !

Au contraire, le rôle des relations amoureuses consiste à nous aider à évoluer et ainsi à réparer les liens dans lesquels le processus d'attachement a fait défaut.

Si vous n'arrivez pas à vous remettre de votre séparation après plusieurs années ou si vous avez l'impression de répéter les mêmes erreurs des relations précédentes, il serait pertinent d'analyser le rôle qu'ont joué les liens d'attachement dans votre enfance. Essayez d'identifier les schémas qui correspondent à votre réalité. En thérapie, les personnes constatent souvent que ces facteurs constituent une entrave à la guérison d'une rupture amoureuse.

Chapitre 7

Traverser la tourmente

Que ce soit pour l'adolescent qui vit sa première peine d'amour, l'adulte qui est quitté après une relation qu'il aurait souhaitée plus longue, ou le retraité qui perd son épouse non parce qu'elle est morte mais bien parce qu'elle choisit de ne plus vivre avec lui, la séparation est une perte douloureuse avec laquelle il faut composer. Certains d'entre nous imaginent parfois qu'ils seront soulagés après avoir rompu une relation difficile, mais aussi laborieuses qu'elles soient, ces unions compliquées créent des liens tout aussi profonds. Comment s'organise le deuil ? Comment une personne passe-t-elle de la douleur associée à une grande catastrophe à la rémission ? Comment passer du manque affectif au rétablissement serein ?

La rupture, un deuil amoureux

L'expression « deuil amoureux » est consacrée. Et pourtant, à l'origine, le mot « deuil » désigne la douleur, l'affliction que l'on éprouve à la mort de quelqu'un. Lors d'une séparation, les partenaires ne meurent pas. C'est leur relation qui prend fin. Le processus du deuil qu'implique la rupture a parfois été comparé à celui qui existe lors de la mort du conjoint, mais il est pertinent de souligner les différences entre les deux situations. Lors d'un divorce, l'ancien conjoint est encore vivant… Ce qui pose la question de savoir si l'on peut faire le deuil d'une personne vivante.

La colère, l'envie de vengeance à l'égard de celui qui nous a quittés et l'espoir de revenir auprès de lui se mélangent. On ne se sent pas rejeté par un proche qui décède. En revanche, être quitté par son partenaire, souvent après une période laborieuse où l'on a tout donné pour ne pas faire couler notre couple, est autrement éprouvant. Le degré de colère habituellement ressenti est plus grand que lors d'une mort naturelle et, comparativement aux veufs ou veuves, les personnes séparées connaissent une ambivalence[1]. En effet la rupture est progressive, potentiellement réversible, au contraire de la mort qui est irrévocable, donc sans appel.

Nonobstant ces différences, la détresse qui suit la rupture amoureuse ressemble étrangement à celle ressentie lors du processus de deuil selon Deits[2]. La personne peut traverser plusieurs étapes, soit *le choc, la dénégation, puis le retrait, la reconnaissance, puis la douleur* et *l'adaptation*, et enfin, *le renouvellement*. Bien entendu, plus la relation est significative, plus la période de deuil est longue.

---

1. Houde Renée, *Les temps de la vie : le développement psychosocial de l'adulte, op. cit.*
2. Deits Bob, *Revivre après l'épreuve*, Éditions Quebecor, 1999.

Comprendre et connaître ces étapes ne préserve pas de la douleur. Plongés au cœur d'une période sombre, nous pouvons même imaginer que cet état durera toujours, que rien d'autre ne surviendra après, que nous sommes seuls à vivre une telle situation. Voir des amoureux dans la rue alors que l'on vient de se séparer peut générer de la tristesse, de l'envie ou de la colère. Participer à des rencontres amicales ou familiales et être entouré de couples qui montrent leur affection l'un pour l'autre, alors que l'on ressent une profonde froideur affective et même physique, nous semble intolérable. Une meilleure compréhension du processus peut malgré tout nous rassurer, nous aider à surmonter cette rupture et à voir que notre cas est loin d'être isolé. Elle nous permettra aussi d'expliquer à nos proches ce que nous vivons. Ceux-ci pourront ainsi nous apporter un meilleur soutien.

Bien sûr, une multitude de variantes est possible, et des rechutes à une ou des étapes antérieures sont tout à fait normales. Il arrive souvent que l'on pense en avoir fini avec certaines réactions et qu'elles resurgissent des semaines ou des mois plus tard. La phase aiguë des deux premières étapes, le choc puis la dénégation, peut durer plus ou moins six semaines. L'ensemble du processus peut durer quelques mois à quelques années, selon les personnes et leur trouble d'attachement.

En plein cauchemar

« Je ne peux pas imaginer qu'elle m'ait quitté. C'est comme un mauvais rêve. » La réaction initiale que nous adoptons face à la rupture permet de nous protéger. Un mécanisme de défense est alors activé :

nous nous interdisons de ressentir pour continuer à fonctionner. Il nous est impossible, dans un premier temps, de réaliser l'ampleur de la perte. Parfois, même si nous avions anticipé la rupture depuis plusieurs semaines, nous nous sentons « gelés », absents. Nous n'éprouvons ni tristesse ni douleur, mais plutôt un sentiment d'irréalité. Nous nous sentons un peu fatigués, abattus, confus. Cette réaction initiale est en fait un réflexe de protection qui bloque tout le système émotionnel. Comme si la nature nous avait munis d'un amortisseur, pour « adoucir » l'impact émotionnel. C'est pourquoi cette période de choc est peu propice aux prises de décisions à long terme, que nous pourrions regretter par la suite, comme changer de programme d'études, déménager, vendre immédiatement la maison, ou encore régler la question de la garde des enfants sans avoir véritablement considéré la situation ou changer d'emploi.

Par ailleurs, nos proches sont souvent surpris par notre insensibilité apparente. Ils tentent souvent de nous faire relativiser… Mais cela ne sert à rien. Nous ne sommes pas encore en mesure de le faire, et la seule chose que nous demandons est un soutien, une écoute.

Delis et Phillips[1] utilisent l'image de l'amputation pour illustrer ce que ressent une personne qui perd son conjoint. Car il s'agit d'une véritable amputation affective, surtout pour celui ou celle dont le couple a duré des décennies et où l'autre est devenu une partie de lui/elle-même. Immédiatement après une amputation ou une autre blessure intense, comme une brûlure, la personne ne ressent rien la plupart du temps. Elle regarde son membre absent, consternée, et

1. Delis Dean, Phillips Cassandra, *Le paradoxe de la passion*, Robert Laffont, 1992.

réagit comme s'il ne s'agissait pas de son propre corps. En somme, la personne est abasourdie, mais elle est en mesure de répondre à ses obligations principales et de bien fonctionner. Elle peut également éprouver un peu de douleur ou de tristesse. Certains d'entre nous préfèrent poursuivre le cours de leur vie comme si rien n'était arrivé – aller travailler, par exemple – car être occupés leur fait du bien. Jean Monbourquette[1] nous met cependant en garde face à cet émoussement de l'affect qui, s'il persiste, bloque l'émergence de l'étape suivante. Car l'individu se protège de la douleur, mais aussi de ses autres émotions, ce qui peut l'empêcher de profiter de la jouissance de la vie : *« L'état de choc devient en soi une perte qui vient s'ajouter à la perte initiale. »* Dans la nouvelle organisation que requiert la rupture, la personne fraîchement séparée pourra établir les conditions nécessaires à la reprise de contact avec la vie émotive et affective. Si elle a bien préparé le terrain dans la gestion de sa vie quotidienne – travail, déménagement, vie des enfants –, elle pourra se permettre ensuite de ressentir et de souffrir sans craindre un impact négatif important sur les éléments qui composent sa vie.

Déni et isolement

« Je sais qu'il va revenir. » « Ça ne se peut pas ! Il va réaliser qu'il s'est trompé. » Quand l'effet du choc se dissipe, nous ne sommes pas nécessairement prêts à affronter cette réalité. C'est bien normal, qui songe à la séparation lorsqu'il est encore amoureux ! C'est pour cette raison que, lorsque la rupture frappe, nous tentons de la nier, de croire encore en notre relation malgré la rupture. Notre ex-

1. Monbourquette Jean, *Grandir*, Novalis, Ottawa, 1994.

conjoint(e) vit le grand amour avec une autre personne ? Nous restons persuadés qu'il ou elle va réaliser son erreur et nous revenir. Le déni peut prendre la forme d'une colère intense. Nous refusons la situation et crachons sur elle : « *Impossible, je ne suis pas d'accord !* » Certains d'entre nous, en situation de déni, fuient et s'engagent immédiatement dans une autre relation, comme si rien n'était arrivé. La dénégation se produit la plupart du temps de façon inconsciente. Ce n'est pas une décision ou une stratégie, mais bien un mécanisme émotionnel qui prend le dessus sur le rationnel. Nous ne sommes pas gelés comme dans la période précédente ; nous nous battons simplement activement contre la réalité de la douleur ressentie.

Durant cette étape, il faut être attentif aux symptômes suivants : perte d'énergie, manque d'appétit, manque ou excès de sommeil, douleurs physiques, attente du retour du partenaire, colère, etc. Il peut s'agir d'une souffrance indirecte, d'une autre forme que prend la douleur psychologique pour s'exprimer. Il convient alors de recourir à notre patience et de faire confiance à nos aptitudes naturelles pour nous tirer de ce mauvais pas.

Parfois, un sentiment de honte peut nous envahir et nous aurons peut-être tendance à nous isoler pour cacher notre détresse. Ce retrait est plus conscient et actif que lors de l'étape précédente. Nous sentons la douleur qui veut monter et sortir, mais nous la contenons encore un peu, pour continuer à vivre, et pour éviter, par orgueil, de prêter attention à ce que nous refusons. On nous a quittés et nous sommes seuls, ou encore nous avons pris cette décision, qui ne nous apporte finalement aucun soulagement. Pourtant, toutes ces réactions sont fréquentes et normales après une rupture.

Reconnaître sa douleur

« C'est difficile, j'ai encore mal, mais je crois bien que je vais m'en remettre », « Je ne savais pas que je l'aimais autant », « Elle me manque. Je l'aime encore. Mais elle n'est plus amoureuse et ne veut plus de moi », « J'aurais dû... » Un jour, enfin, nous baissons les bras. Nous abdiquons et accueillons enfin notre peine de façon plus directe. Il n'y a plus de négation ni de tentative d'oublier qui tienne. Nous entrons dans l'étape du contact avec la vérité. Au cœur de la peine d'amour, la reconnaissance de la douleur est un passage essentiel pour arriver à faire son deuil. Car si l'on peut recourir à des moyens pour faciliter ce passage[1], la formule magique « efface tout » n'existe pas.

Dans la société occidentale contemporaine, la souffrance semble mise au placard, pour ne céder la place qu'au bonheur et au plaisir. Pourtant, cette émotion, si douloureuse soit-elle, fait partie de la vie. Elle peut être belle et salvatrice.

Emmanuel, en pleine crise de rupture, décide de consulter un psychothérapeute. Au cours de la séance, il se plaint : « J'ai mal ! Qu'est-ce que je peux faire contre ça ? » Son thérapeute lui répond alors : « Souffre ! C'est le moment. Tu ne mourras pas. Il n'y a pas de danger. C'est ce que tu as de mieux à vivre à ce moment-ci. » Emmanuel est surpris. En effet, ses amis et sa famille se démenaient pour lui proposer des solutions, le poussaient à rencontrer d'autres femmes... En somme, ils faisaient leur possible pour qu'Emmanuel évite de souffrir.

1. Voir le chapitre 8, page 111.

En s'adressant à un psychologue, le jeune homme pensait obtenir des solutions plus efficaces. Dans son esprit, l'invitation à la souffrance était contraire à ce qu'il recherchait, et pourtant c'était la solution ultime, la plus riche et pertinente. Car inviter à la souffrance est une marque de respect envers la personne, qui est perçue comme étant capable de faire face à une épreuve.

Cette troisième phase est souvent la plus longue et la plus pénible. La reconnaissance de la douleur implique de ressentir et d'exprimer l'ensemble des émotions en lien avec la perte. Monbourquette affirme que cette opération permet à la personne endeuillée de soulager son psychisme des liens biologiques et psychologiques qui la retiennent encore attachée à l'autre. Toutes ces habitudes, ces rêves partagés, ces souvenirs toujours bien vivants demandent à sortir. La parole agit comme une sorte de sevrage. Le but n'est pas d'oublier complètement ou de devenir indifférent au souvenir, mais de s'en dégager suffisamment pour pouvoir vivre d'autres expériences et tirer une leçon de vie de l'ensemble de l'expérience de la relation et de la séparation. La rupture est éprouvante car nous prenons conscience d'avoir perdu non seulement notre partenaire, mais aussi un mode de vie. Ce stade s'avère plus difficile à vivre pour les plus âgés d'entre nous. En effet, parvenus au milieu de notre vie, nous avons perdu nos réflexes de célibataires[1]. Toutefois, la reconnaissance de cette perte est indispensable pour retrouver une forme d'équilibre. Il est important de prendre le temps nécessaire pour nous adonner à cette période de tristesse.

---

1. Houde, *op. cit.*

Durant cette période, la dépression risque de s'installer. Nous pouvons nous sentir coupables à un degré excessif et ruminer des erreurs ou des manques de façon obsessionnelle. Les blâmes et critiques proférés par notre ancien partenaire en fin de relation prennent toute la place, comme si ces éléments représentaient la seule vérité, sans aucune perspective qui pourrait les relativiser. Ces pensées sont destructrices et ne mènent nulle part, elles ne provoquent que de l'abattement. Nous verrons plus loin les signes de dépression afin de prévenir un tel épisode (chapitre 9, page 131).

Lors de cette étape, la reconnaissance de la douleur, nous aurons peut-être besoin de sentir nos proches disponibles ou de recourir à une aide extérieure, comme un groupe d'entraide ou un psychothérapeute. Certaines personnes retournent vers leur ancien partenaire pour trouver du réconfort. Attention aux ruptures inachevées (voir le chapitre 5, page 69) ! Il est possible que des mises au point soient nécessaires pour bien comprendre la rupture, mais l'autre personne peut difficilement être à la fois la cause de la douleur et son antidote. C'est pourquoi il est peu recommandé de multiplier les rapports avec votre ex-partenaire, afin de faciliter la séparation[1]. Il est fréquent que des personnes, après une rupture, tentent d'éviter la souffrance en renonçant à vivre une nouvelle relation amoureuse ou en « enchaînant » les relations brèves. Une telle fermeture réduit bien sûr les risques d'être à nouveau déçu ou blessé, mais à long terme elle empêche de combler pleinement le besoin fondamental d'être aimé.

1. La question des liens à garder avec son ex-partenaire est détaillée dans le chapitre 10, page 139.

Ce qu'il faut retenir...

En somme, les éléments à ne pas perdre de vue lorsque nous traversons cette période de deuil sont :

- garder un minimum d'organisation dans sa vie quotidienne ;
- donner du sens à ce qui arrive ;
- travailler à atteindre un nouvel équilibre.

Renaître et s'ouvrir

« C'est passé finalement. Je crois que c'était une bonne chose que nous nous séparions », *« L'autre jour j'ai visité un endroit où nous allions toujours ensemble. En sortant, je me suis aperçue que je n'avais même pas pensé à lui ! »*, *« Ça va maintenant. Finalement, j'ai appris de cette expérience et je peux passer à autre chose. »* Après avoir combattu pour composer avec les changements dus à cette grande perte, après les tempêtes d'émotion, le calme revient lentement. Souvent, la sérénité s'installe sans que nous nous en apercevions. Nous constatons que notre fonctionnement s'améliore, qu'un nouvel équilibre s'établit, que nous sommes moins souvent envahis par des émotions négatives et que, lorsque celles-ci surviennent, elles sont moins intenses. La souffrance a une fin, et ce qui descend finit par remonter ! La mission du nouveau célibataire est alors de structurer sa vie selon son envie et de se réapproprier son identité.

Concrètement, à ce stade, nous avons fait le ménage dans nos souvenirs de couple et notre espace de vie s'est modifié depuis notre précédente relation, même si nous ne cohabitions pas avec notre ex-partenaire. Les photos sont rangées et la seconde brosse à dents a disparu ! Les arrangements financiers sont conclus ou en voie de l'être et la garde des enfants est déterminée. Nous ne cherchons plus à avoir des contacts avec notre ex-conjoint(e), ni à l'éviter systématiquement.

Il n'y a pas nécessairement un sens inhérent à l'épreuve de la séparation. Cependant, certains d'entre nous éprouvent le besoin de trouver un sens à la perte de l'autre afin de faciliter, voire de motiver leur rétablissement. Identifier un apprentissage de la vie en traversant cette épreuve justifie le travail et les efforts qui sont déployés. Pour grandir, il faut se poser des questions, s'observer, discuter, réfléchir.

L'heure du bilan...

Vous vous sentez mieux, plus solide et envisagez de nouveau l'avenir avec plus de gaieté. Pour vous y aider, il convient de dresser un bilan de votre expérience.

- À travers cette épreuve, qu'apprenez-vous sur vous ? Sur l'amour ? Sur la vie ?
- Avez-vous découvert de nouvelles forces intérieures ?
- Comment pouvez-vous transformer cette perte en gain ?
- Quels changements allez-vous provoquer dans votre vie ?
- Êtes-vous autonome ? Votre besoin des autres est-il excessif ou équilibré ?

Quand nous passons des « pourquoi » – « *Pourquoi elle m'a laissé ?* » – aux « comment » – « *Comment puis-je tirer profit de cette épreuve ?* » –, cela signifie que nous commençons à cicatriser nos blessures. Notre vie ne gravite plus uniquement autour de notre rupture amoureuse.

C'est le moment idéal pour entreprendre de nouveaux projets, comme faire un voyage ou suivre un cours, et qui sait, peut-être, s'engager dans une nouvelle relation amoureuse…

En émergeant du deuil de la séparation, nous devons changer nos habitudes et notre façon d'être pour pouvoir vivre de nouvelles expériences. Il nous faut alors relever le défi, c'est-à-dire accepter de partir à la recherche de nouvelles sources de satisfactions. Cela comporte le risque de faire des erreurs et d'être de nouveau blessé ou déçu. Cela implique surtout d'apprendre à agir seul : sortir, prendre des décisions, tenter des choses, que ce soit des activités ou des rencontres. Dans *Grandir*, Monbourquette[1] propose une célébration de la fin du deuil. Dans des groupes d'aide aux personnes endeuillées a lieu une célébration de l'héritage où, de manière officielle, la fin du deuil est affirmée dans le cadre d'une fête. Pourquoi ne pas adapter cette idée et organiser un tel événement avec vos proches, en les remerciant de vous avoir soutenu ? !

---

1. *Op. cit.*

Chapitre 8

Trucs et astuces pour mieux vivre le deuil

L'entourage propose souvent plusieurs façons de composer avec la séparation : « *Essaie de te distraire* », « *Concentre-toi sur tes études ou ton travail* », « *Passe à autre chose* », « *Trouve quelqu'un pour te consoler* », « *Rends-le jaloux* », « *Avec le temps, ça va passer* ». Malheureusement, ces conseils traduisent surtout l'impuissance des proches et sont irritants pour la personne qui traverse cette épreuve.

Quels procédés sont alors à privilégier ? Certaines personnes cherchent à refuser par tous les moyens de souffrir. D'autres donnent une place constante à leur douleur. Mais celle-ci est sournoise et ne s'interdit pas de rejaillir à l'improviste au moment où l'on entend un refrain, où l'on revoit un visage, une scène au cinéma, etc. Cependant, l'être humain ne peut supporter d'être en contact permanent avec sa souffrance. Le défi consiste d'une part à laisser de la place à la douleur et d'autre part à mettre celle-ci de côté pour s'activer, se reposer et réorganiser sa vie.

La séparation est une expérience complexe. Proche du deuil, elle affecte les différentes sphères de notre vie privée. Pour en limiter l'impact, voici quelques outils qu'il convient d'utiliser pour repartir du bon pied.

Les premiers temps

Comment vivre au mieux la période de trouble des premiers temps de la séparation ?

Cesser d'éviter l'inévitable

Nous avons abordé plus tôt la difficulté, dans notre culture occidentale, à laisser une place à la souffrance. Pourtant, les études actuelles en psychologie cognitive tendent à reconnaître qu'éviter par tous les moyens – alcool, drogue, fuite dans le travail, etc. – d'être en contact avec des émotions négatives – peur, colère, tristesse, etc. – nous maintient ou nous rend plus vulnérables aux états dépressifs et anxieux[1].

La technique de l'éléphant rose

Vous n'êtes pas convaincu ? Vous pensez pouvoir éviter l'inévitable ? Faites donc l'expérience suivante…

- Fermez les yeux pendant une minute et ne pensez pas à un éléphant rose.
- Que s'est-il passé ? Sans aucun doute, vous n'avez pu résister à cette pensée, malgré tous vos efforts pour la chasser de votre esprit - penser à un autre animal, chanter une chanson, etc. L'éléphant rose revenait quoi que vous fassiez.

1. Harris R., *Le piège du bonheur*, Éditions de l'Homme, 2009.

Il en est de même avec le souvenir de l'ex-partenaire. Tenter d'occulter les pensées dérangeantes ne fonctionne manifestement pas. Il nous faut donc trouver d'autres solutions pour en finir avec la douleur.

Laisser couler ses larmes

Pleurer ne signifie pas que nous ne nous en sortirons jamais, ni n'est un signe de faiblesse. Cela démontre plutôt que nous réalisons notre perte. N'entendons-nous pas souvent : *« Pleure un bon coup, ça te fera du bien »* ? En fait, les larmes ont pour fonction de libérer les tensions ; de plus elles ne préviennent pas. C'est pourquoi il nous faut les laisser couler librement, sans tenter de les refouler. Avec le temps, nos pleurs s'espaceront.

Damien se souvient en souriant des premiers temps de son divorce : « Je garde de moi l'image d'être sur mon bateau et de me laisser porter sur une mer parfois tranquille, parfois houleuse. Malgré les hauts et les bas, j'avais toujours l'espoir de revoir la rive un jour prochain. »

Parfois, il nous est difficile de nous laisser aller spontanément. Pourquoi alors ne pas planifier une séance de larmes en solitaire ? Pourquoi ne pas programmer une séance de cinéma chez soi et regarder un film d'amour – *Titanic*[1], *Love Actually*[2], *Sur la route de*

1. Film américain de James Cameron, 1997.
2. Film britannique de Richard Curtis, 2003.

Madison[1] –, mouchoirs en main, pour laisser libre cours à notre chagrin ?

Notre propre douleur peut nous sembler effrayante et, même seuls, nous hésitons à la laisser exploser, de peur de ne jamais nous relever. Dans ce cas, une personne proche de nous, à qui nous accordons notre confiance, peut nous aider à « lâcher les vannes ».

Stéphanie, en proie à un grand désespoir, décide de téléphoner à sa meilleure amie Charlotte, qui a vécu elle-même une douloureuse rupture six mois plus tôt. Stéphanie ne parvient pas à s'exprimer et les larmes prennent le pas sur ses mots aussitôt qu'elle entend la voix de son amie à l'autre bout du fil. Charlotte raccroche et arrive chez Stéphanie vingt minutes plus tard. Celle-ci se met alors à pleurer sans pouvoir s'arrêter. Charlotte ne cherche pas à la rassurer. Elle se contente de la prendre dans ses bras, de lui caresser les cheveux et de la laisser exprimer sa douleur. Elle est déjà passée par là et sait qu'il n'y a pas de remède immédiat.

Il nous faut savoir aussi que l'intensité de notre tristesse n'est pas forcément proportionnelle aux sentiments que nous portions à notre ex-partenaire.

Un an après sa rupture avec Paul, Émilie se rend compte qu'elle n'a pas réellement aimé cet homme. « Lorsqu'il est parti, j'ai sombré dans un gouffre. Je pensais ne jamais me remettre de l'absence de Paul, que je croyais être l'homme de ma vie. Aujourd'hui, je m'aperçois que ma souffrance avait peu de rapport avec lui. Petite, je me suis sentie abandonnée par mon père lorsqu'il a quitté le domicile familial. Son départ a laissé une blessure dont je

1. Film américain de Clint Eastwood, 1995.

ne m'étais jamais occupée jusqu'à aujourd'hui. Lorsque Paul m'a quittée, j'ai vécu à nouveau ce terrible sentiment d'abandon. C'est cela qui a déclenché ma douleur, bien plus que les réels sentiments que je portais à ce garçon. »

Comme nous l'avons vu, nos troubles d'attachement, lorsqu'ils sont réactivés par la rupture, peuvent causer des réactions bien plus violentes que la séparation en elle-même.

Se souvenir des belles choses

Il peut être tentant de recréer les scènes de ménage vues au cinéma, dans lesquelles la femme jette par la fenêtre ou brûle tous les vêtements et objets personnels de son mari infidèle. À court terme, cette manière de procéder peut procurer une certaine satisfaction, mais le soulagement est de courte durée. Car ce n'est pas en crachant sur les tendres moments du passé que nous trouverons notre salut. Si exprimer notre colère est vital, nous pouvons regretter, à terme, d'avoir détruit rageusement ce qui nous reliait à une partie de notre vie. Il serait plus opportun de conserver certains souvenirs de notre relation, notamment des photos, notre alliance, et autres éléments symboliques de notre relation défunte.

Alexia a hésité longtemps avant de replonger dans les affaires de Michaël. Un beau matin, elle a pris son courage à deux mains et a décidé de « faire le tri ». « J'ai regroupé dans un coffret quelques souvenirs de voyages, des photos de nous, de nos jours heureux. Mon mari a fait partie de ma vie pendant vingt ans. Je ne veux pas conserver que les mauvais souvenirs. Et puis je pense à mes enfants... Ils seront sûrement heureux, plus tard, de retrouver ces objets du bonheur partagé de leurs parents. »

Remplir ce coffret permet à Alexia de reconnaître que son mari a compté pendant de nombreuses années pour elle et que de beaux souvenirs y sont aussi associés. Constituer une boîte à souvenirs a également valeur d'outil thérapeutique. Rappelons-nous l'expérience de l'éléphant rose… Au lieu de fuir tout ce qui nous rappelle notre ex-partenaire, nous pouvons nous accorder vingt minutes de temps à autre durant lesquelles nous parcourons les reliques rangées dans notre boîte à souvenirs. Cette technique peut ainsi faciliter le processus de détachement.

Écrire pour avancer

Il n'est pas toujours possible ou approprié de déverser sa colère directement sur son ex-partenaire. L'écriture représente alors une saine façon d'exprimer toute notre agressivité et notre peine. Le journal intime n'est pas uniquement réservé aux adolescents ! Les déceptions et émotions diverses ne cessent pas d'exister au seuil de notre majorité. Une lettre que l'on voudrait envoyer à son ex, un journal de bord, une liste des pensées du jour ou encore un poème sont autant d'exemples que nous pouvons suivre pour ne pas censurer nos émotions mais au contraire les extérioriser.

Certains d'entre nous préféreront les médias électroniques – création d'une page Facebook – pour décrire à leur entourage la progression de leurs états d'âme. Il convient tout de même de jouer la prudence et d'évaluer la garantie de la confidentialité de nos propos.

Quoi qu'il en soit, l'écriture constitue un bon moyen de libérer des émotions. De plus, elle aide à prendre un certain recul face à notre situation, à clarifier et organiser notre pensée et permet de constater nos progrès.

Sur les conseils de son thérapeute, Sylvia décide de tenir un carnet de bord après sa rupture avec Jonathan. Chaque jour, elle écrit ses sensations, ses doutes et ses espoirs de « guérison ». « Pendant les premières semaines qui ont suivi ma séparation, mon journal intime est devenu mon meilleur confident. Je voulais épargner mon entourage, lui donner l'image d'une femme forte... Pourtant je me sentais à la dérive ! Il me fallait trouver un moyen d'exprimer ce que je ressentais. En relisant mon journal aujourd'hui, je réalise le chemin parcouru depuis un an. Sans ce repère, je n'aurais pu mesurer l'ampleur de ma progression. »

Il est parfois utile de retourner sur les traces du passé pour mieux apprécier notre évolution. Ce n'est pas un hasard si l'expression écrite représente l'outil thérapeutique privilégié en psychothérapie.

Repartir du bon pied

Une fois dégagés des émotions et sentiments provoqués par la rupture, nous nous retrouvons enfin. Après toutes ces années de couple, nous nous sommes peut-être éloignés de nos aspirations ou de nos objectifs de vie. De la même façon que nous devons être actifs dans le processus de séparation, il convient de mettre à profit cette période pour nous construire selon ce que nous sommes réellement.

Un bilan nécessaire

L'erreur que nous commettons souvent lorsque nous venons de subir une séparation consiste à attribuer l'échec de notre relation à notre ex et d'éviter ainsi l'introspection. Nous avons fait le mauvais choix au mauvais moment ? Nous n'avons plus qu'à dénicher le prince charmant pour que notre vie se transforme ? Ce serait trop simple !

Un couple se compose de deux personnes. Il convient donc de déterminer notre responsabilité autant que celle de notre partenaire dans ce qui a conduit à l'échec de cette relation. Cela nous permettra d'envisager différemment notre prochaine union et d'éviter de répéter, si possible, les mêmes erreurs. En examinant l'historique de nos relations amoureuses, il n'est pas rare de constater que nous tombons toujours dans les mêmes pièges. Si c'est le cas et que nous sommes insatisfaits de cette dynamique, c'est l'occasion d'amorcer des changements. Cessons de blâmer notre partenaire pour sortir enfin de notre rôle de victime… Car il nous semble évident que nous sommes bel et bien le dénominateur commun de ces échecs amoureux.

Pour éviter de retourner dans le mur à la première occasion, nous pouvons également établir le bilan des éléments positifs et négatifs de notre relation. Tout n'est pas à jeter ! Nous en retirerons toujours quelque chose d'intéressant qui nous restera, comme un héritage. Prenons le temps d'examiner où les choses ont commencé à déraper. Y avait-il un problème de communication ? Quels ont été les premiers signes avant-coureurs de la séparation ? La lecture des deux premiers chapitres pourra vous éclairer à ce sujet (voir pages 9 et 21).

Choisir selon ses goûts

Qu'est-ce qui caractérise le choix de nos partenaires et des relations que nous établissons avec eux ? Est-ce l'attraction physique ? le plaisir partagé avec l'autre ? l'affection et la tendresse qui se développent progressivement ? la bonne entente ? l'intensité de la passion ? les centres d'intérêt communs ? l'exclusivité dans l'engagement ? le don de soi ? ou une combinaison de toutes ces caractéristiques ? En connaissant mieux nos goûts et notre « style amoureux », nous éviterons de nous créer de faux espoirs et nous ferons un choix plus éclairé à l'avenir.

Apprivoiser la solitude

Au fil des années passées à deux, nous avons peut-être perdu l'habitude de pratiquer des activités seuls. La prise de décision était une affaire d'équipe… Pourtant notre partenaire est bel et bien parti. Comment faire les courses, mener à bien les tâches quotidiennes ou planifier les repas de la semaine sans la présence de l'autre ? Parfois, nous sommes si désemparés que nous faisons tout pour éviter le face-à-face avec nous-mêmes.

Pourtant, surtout après l'étape de la reconnaissance de la douleur, nous remarquons qu'il est plaisant de mener sa vie selon ses désirs, de simplement apprécier le silence. Les randonnées à la campagne, la lecture, la méditation, le yoga sont des activités qui peuvent nous permettre d'apprivoiser notre solitude, en plus de favoriser notre réflexion sur nous-mêmes. Nous sommes bien plus qu'une personne délaissée, nous sommes un être à part entière, avec ses goûts, ses envies, et il est important de s'en souvenir.

Redéfinir ses priorités et aspirations

Il apparaît aussi essentiel de redéfinir nos priorités et nos valeurs pour nous sentir de nouveau heureux et épanouis. La crise a cela de bon qu'elle permet une remise en question globale de notre vie et de notre façon de la mener. Peut-être étions-nous centrés exclusivement sur notre carrière et, suite à la séparation, nous constatons l'importance de nos proches, jusqu'à regretter de les avoir négligés ces dernières années. Ou au contraire, nous prenons conscience que miser sur le bien-être de la famille ne suffit pas à nous rendre heureux et qu'il est peut-être temps de rééquilibrer les choses.

« Qu'est-ce qui compte pour moi désormais dans ma vie ? », telle est la question que nous devons nous poser. Nous avons vu dans le premier chapitre que la vie d'adulte comporte des périodes de transition. À chacune de ces étapes, cette question va ressurgir. La rupture ne fait que déclencher ce processus de réflexion. Voici quelques exercices pour nous aider à clarifier nos valeurs, nos objectifs et qui nous aideront à déterminer jusqu'à quel point nous sommes en harmonie avec ceux-ci.

1/Agir selon ses valeurs

Ce tableau regroupe les diverses valeurs communes à l'être humain. Afin de déterminer et de préciser les valeurs auxquelles vous accordez le plus d'importance, complétez le tableau en évaluant vos valeurs sur une échelle de 0 à 5, et procédez de même sur votre degré actuel d'engagement vis-à-vis de cette valeur. Par exemple, vous pouvez estimer que vos amis représentent 4/5 sur votre échelle de valeurs.

Identifiez ensuite les qualités particulières que cette valeur exige et les actions concrètes que vous envisagez de mener pour l'atteindre. Par exemple, en consacrant du temps à vos amis, en étant à leur écoute et en les voyant au moins une fois par semaine pour partager une activité avec eux.

À vous de jouer !

Valeurs	**Importance /5**	**Engagement /5**	**Qualités particulières**	**Actions concrètes en accord avec ces valeurs**
Famille (autre que le couple ou le statut de parent)				
Mariage/couple/ relations intimes				
Être parent				
Amis/vie sociale				
Travail				
Éducation/formation				
Passe-temps/loisirs				
Spiritualité				
Vie communautaire (bénévolat, environnement)				
Santé (saine alimentation, exercices, sommeil)				
Environnement (souci de la planète)				
Esthétique (arts, musique, littérature, beauté)				

2/Définir et cadrer ses objectifs dans le temps

Dressez la liste de ce que vous désirez AVOIR, de ce que vous voulez FAIRE et de ce que vous souhaitez ÊTRE. Par exemple, vous pouvez désirer acheter une maison, une voiture ou un vélo, vous voulez visiter l'Italie, vous inscrire à un cours de peinture et vous souhaitez devenir parent, soigner votre hygiène de vie ou encore rendre visite à vos proches plus fréquemment.

Une fois que votre liste est complète, fixez un échéancier pour vous aider à atteindre vos objectifs de vie. Par exemple, si vous souhaitez vous inscrire dans une salle de sport, notez dans la case de gauche la période approximative à laquelle vous pensez concrétiser ce souhait – par exemple, dans six mois.

Échéancier	**AVOIR**	**FAIRE**	**ÊTRE**
Dans 6 mois			
Dans 1 an			
Dans 5 ans			
Dans 10 ans			

3/Être à l'écoute de ses aspirations profondes

Les questions suivantes sont souvent posées lors de conversations entre amis. Elles peuvent paraître farfelues ou hypothétiques de prime abord, cependant les réponses à ces questions sont révélatrices de vos aspirations profondes. Essayez d'y répondre le plus sincèrement possible. Par la suite, vous pourrez peut-être réaliser vos rêves les plus fous, dans la mesure du possible…

- Vous venez de gagner un montant important à la loterie. Vous n'êtes plus dans l'obligation de travailler. Que faites-vous de votre argent ?

  ……………………………………………………………………………………

  ……………………………………………………………………………………

- Si un magicien vous offrait de réaliser deux souhaits, lesquels choisiriez-vous ?

  ....

  ....

- Imaginez que l'on célèbre votre 80e anniversaire et que l'on vous rend hommage. Qu'est-ce que les gens retiennent de vos caractéristiques et de vos constructions ?

  ....

  ....

- On vous annonce que vous êtes atteint d'un cancer et qu'il vous reste un an à vivre. Qu'allez-vous faire durant cette année ?

  ....

  ....

Être capable de bien s'entourer

Se retrouver et apprivoiser la solitude ne doit pas nous faire perdre de vue l'importance du rôle que joue notre entourage dans la traversée de cette épreuve. Au début de la séparation, nos proches pourront nous héberger ou garder nos enfants le temps que cessent les premières tourmentes. Néanmoins, certains d'entre nous auront tendance à se replier sur eux-mêmes et tarderont à aller vers les autres. Malheureusement, s'isoler ne fait que maintenir notre sentiment de honte et nous risquons à terme de nous enfoncer dans la dépression. Comment briser progressivement ce cercle vicieux ? Comment développer sa capacité à bien s'entourer ?

Cultiver la patience

Parfois, certains de nos proches souhaitent nous voir rétablis bien plus rapidement que nous ne le pouvons en réalité. Ils ignorent quoi nous dire et se sentent impuissants face à notre désarroi. À tel point que, bien souvent, ils prononcent des phrases maladroites, qui nous blessent davantage qu'elles ne nous aident : *« Je le savais ! »*, *« Je t'avais bien dit que cette histoire ne tenait pas la route ! »*, *« Es-tu certaine de ta décision ? »*, *« Mais as-tu pensé aux enfants ? »*, *« Ce n'était pas une femme pour toi »*. Certains iront même jusqu'à nous éviter au moment où nous avons le plus besoin d'eux, favorisant involontairement un repli sur nous-mêmes. Les situations de ce genre sont regrettables mais courantes.

Marc a quitté Thomas une semaine plus tôt. Fatigué de tourner en rond dans son appartement, Thomas décide de retrouver ses amis et de tout leur raconter, dans l'espoir d'alléger sa peine. Il leur explique le départ soudain de son compagnon. « Je n'ai rien vu venir. C'est tellement inattendu… Je ne comprends pas ce qui lui est passé par la tête. » Amandine, peinée de le voir ainsi et aussi surprise que lui, dit alors à Thomas qu'elle n'y croit pas et qu'elle est persuadée que Marc va revenir vers lui quand il aura mesuré son erreur : « Il a craqué, ça arrive. Tu vas voir, dans deux semaines grand maximum il sera de nouveau dans tes bras ! » Thomas se sent soulagé et se remet à espérer. Pourtant, les jours passent sans qu'il reçoive de nouvelles de son ex-compagnon. Un soir, il apprend par un ami que Marc a trouvé un nouvel amoureux et s'effondre une nouvelle fois.

Dans un premier temps, Thomas est rassuré par les propos de son amie. Pourtant, lorsqu'il comprend que Marc ne reviendra pas, il redouble de chagrin et ne peut s'empêcher d'en vouloir à Amandine de lui avoir donné de faux espoirs. Puis, quelques jours plus tard, il se rend compte que son amie a maladroitement tenté de le protéger et d'aller dans son sens. Il décide alors de pardonner à Amandine et de lui expliquer gentiment qu'il a seulement besoin de sa présence.

Il convient tout d'abord d'accepter de porter seuls notre peine, et de ne pas attendre de nos proches qu'ils guérissent à notre place ou trouvent des solutions pour nous. Ainsi, nous devons seulement exprimer clairement nos attentes vis-à-vis d'eux, sans les investir d'une mission impossible : *« Je voudrais juste que tu m'écoutes un peu »*, *« Je sais que je ne suis pas d'agréable compagnie ces temps-ci, mais j'aurais seulement besoin de sentir votre présence »*.

Partage d'expériences

En plus de briser l'isolement, le fait de discuter avec quelqu'un qui a vécu l'épreuve de la séparation peut nous confirmer qu'il s'agit seulement d'un mauvais moment à passer, et nous redonner l'espoir d'aller mieux plus tard. Cette personne peut aussi nous donner de judicieux conseils qui nous permettront de gagner en temps et en clarté d'esprit. Poser nos questions à une personne qui est « déjà passée par là » ne pourra que nous aider à avancer : *« Comment as-tu géré tes émotions à l'époque ? Comment t'en es-tu sorti financièrement ? Comment as-tu agi avec tes enfants ? »* N'oublions pas qu'un groupe d'entraide ou des forums de discussion sur Internet peuvent aussi remplir ce rôle.

Suite à son divorce, Sandrine ne sait plus vers qui se tourner. Après réflexion, elle décide de prendre conseil auprès de Marie, qui a vécu la même situation quelques années auparavant. « Grâce aux paroles de Marie, j'ai pu me calmer et m'accorder le temps de m'organiser. Par exemple, elle m'a suggéré de ne pas vendre ma maison tout de suite. Au départ, cette alternative me paraissait impossible à envisager. Finalement, l'idée a fait son chemin. Aujourd'hui j'accepte de garder cette maison qui est un repère important dans ma vie, quitte à me serrer la ceinture. Au moins j'ai l'impression de ne pas avoir tout perdu dans ma relation ! Et puis qui sait ? D'ici là, je vais peut-être rencontrer une autre personne qui m'aidera à rembourser le crédit de ma propriété. »

Entre célibataires

Lorsque nous étions avec notre partenaire, nous partagions des amis communs. La majorité d'entre eux était en couple, avec ou sans enfant. Cependant, côtoyer ces mêmes amis alors que nous sommes désormais célibataires peut s'avérer décourageant. Les personnes qui se remettent d'une séparation rapportent souvent être affectées lorsqu'elles sont en présence de couples ou de familles qui leur paraissent heureux et sans souci, tant ces configurations les ramènent à leur propre échec. Compter sur ses proches, qu'ils soient seuls ou en couple, est important. Mais pour sortir et se divertir, il est souvent préférable de retrouver des célibataires, dont la vie est plus semblable à la nôtre. Cela nous permet de nous projeter dans le bonheur de ceux et celles qui vivent bien sans être en couple et de prendre modèle sur leur façon de vivre. De plus, les sorties entre célibataires favorisent nettement les possibilités de rencontres amoureuses !

Pourquoi pas un « psy » ?

Avoir recours à un psychothérapeute pour se sortir d'une rupture n'est pas une tare. C'est au contraire le signe que nous sommes prêts à nous remettre en question et à aller de l'avant. Par ailleurs, il devient urgent d'entamer cette démarche si les symptômes physiques comme la perte d'appétit ou l'insomnie persistent et si notre humeur ou notre état général ne cesse de se détériorer, même après plusieurs semaines. Les conseils d'un médecin ou d'un psychologue complètent souvent le soutien déjà apporté par notre entourage.

Se remettre en action

Les recherches sont unanimes : l'action est un gage de succès pour surmonter la détresse et reprendre possession de ses moyens. Il ne s'agit pas ici de nous étourdir dans de multiples activités mais de commencer à nous « bouger » pour éviter de nous enliser dans la tristesse et le vide. De plus, sortir le nez de chez nous va nous permettre de continuer notre exploration, *via* de nouvelles rencontres et expériences. Écoutons les invitations de nos enfants, qui savent mieux que personne vivre le moment présent : *« J'ai faim »*, *« Tu viens jouer avec moi ? »* !

Il est peut-être temps aussi de reprendre des activités que nous avions délaissées : lire, faire du sport, apprendre un instrument de musique, chanter dans une chorale, etc. Ces activités nous permettront à la fois d'éviter la morosité et de sombrer dans l'isolement. Ce sera également l'occasion de renouer avec les connaissances ou amis qui partageaient nos passions.

Changer de look

La séparation nous laisse un goût amer et fragilise notre confiance en nous… À tel point que nous pouvons nous sentir moches, tout d'un coup. Plutôt que de déprimer devant notre miroir, nous pouvons décider de profiter de la rupture pour prendre un nouveau départ.

Coiffeur, séance de shopping, rendez-vous chez l'esthéticienne... Rien de tout cela n'est à négliger dans le processus de revalorisation de soi ! Nous rafraîchir et nous plaire nous fera le plus grand bien. D'ailleurs, les psychologues observent que les personnes qui se remettent d'une séparation adoptent souvent, suite à celle-ci, une nouvelle coiffure et que cette démarche leur est profitable.

Prendre soin de sa santé

Nous pouvons parfois être tentés de soulager rapidement notre souffrance dans l'alcool, la drogue et le travail. Les moyens de fuite nous sauveront peut-être un temps. Mais à long terme, ils ne feront que retarder notre guérison et participeront à dégrader notre santé, ainsi que notre estime de nous-mêmes.

Ce point n'est absolument pas à négliger, car notre corps est notre véhicule, le support physique de notre personne. Certains d'entre nous décident de se remettre en forme après une rupture. Sortir et courir au lieu de s'avachir est toujours un choix gagnant. L'exercice favorise la sécrétion d'hormones antidépresseurs. Nous sentir bien dans notre peau nous aidera à nous sentir bien dans notre tête, et à affronter les autres aspects. Certains d'entre nous jugent qu'il est plus facile d'avoir un contrôle direct sur sa forme physique que sur sa forme mentale, bien que les deux soient liées. Prendre rendez-vous avec notre médecin et procéder à un examen médical est opportun, car il arrive que notre corps soit éprouvé après de grandes secousses affectives.

Enfin, n'oublions pas que notre bonne santé passe par l'alimentation. Revoir nos habitudes et nous réapproprier certains goûts après des années de compromis gustatifs inhérents à la vie de couple peut être un agréable défi à relever. Faire le marché en choisissant chacun des aliments que nous rangeons dans notre cabas, selon nos propres envies et celles de nos enfants, est un bon indice du sevrage de l'autre et du retour non négligeable à soi-même.

Aide-mémoire

Afin d'être sûr de réussir à traverser la rupture, vous pouvez vous référer de temps à autre à cet aide-mémoire, rédigé par une étudiante quittée par sa compagne...

À propos de mon ex

- Je cesserai de chercher un coupable face à la rupture.
- Je ne me sentirai pas dévalorisée si mon ex a quelqu'un d'autre dans sa vie.
- Je ne rechercherai plus le contact avec mon ex parce que cela ne ferait que me blesser davantage pour le moment.
- Je cesserai de souhaiter qu'elle revienne parce que c'est mieux ainsi.
- J'accepterai qu'elle refasse sa vie avec une autre et je saurai que je vais rencontrer quelqu'un un jour, moi aussi.
- J'arrêterai de me dire que je ne rencontrerai jamais quelqu'un de spécial comme elle.
- Je ne serai plus frustrée ou triste quand je me retrouverai au milieu de couples heureux.

Au quotidien

- J'aurai envie de passer du temps avec les autres personnes que j'aime - ma famille et mes amies - et je serai en mesure de les apprécier et d'être vraiment présente.
- Je serai capable de faire face à mon angoisse seule en sortant, en jouant de la guitare, en écoutant de la musique ou en écrivant.
- Je dormirai bien - environ 8 heures - sans aide médicale.

•••/

\...

- Je me sentirai bien chez moi et j'aurai apprivoisé les lieux quand j'apprécierai le calme et la liberté de pouvoir y faire ce que je veux.
- Je serai capable de m'asseoir devant une chandelle, de fermer les yeux et de penser calmement sans avoir l'envie de bouger.
- Je prendrai le temps de retrouver mes goûts et je pourrai en bénéficier.
- Je me trouverai jolie en me regardant dans le miroir.
- Sans culpabilité, je pourrai lire, dormir ou paresser.
- Je prendrai le temps de me cuisiner de bons petits plats parce que je fais attention à moi.
- Je garderai mon corps en bonne santé en m'entraînant et en jouant à des sports parce que j'aime ça.
- J'accepterai les invitations amicales car j'aime les gens et je veux connaître des amitiés sincères et complices.
- J'aurai retrouvé ma soif d'apprendre et je me consacrerai à mes études.

Dans la sagesse

- J'accepterai que les relations amoureuses ne durent pas toujours toute une vie.
- Je ne penserai plus que seul l'Amour peut m'apporter le bonheur.
- Je n'en voudrai pas à tout et à tout le monde parce que je me sens brisée à l'intérieur.
- Je ferai la différence entre aimer quelqu'un et avoir besoin de quelqu'un.
- Je réaliserai que je n'ai pas besoin de faire mille et une choses pour me sentir valorisée.
- Je me laisserai le droit de vivre mon chagrin, je pleurerai sans que cela me décourage.
- J'arrêterai de toujours vouloir bien agir.
- Je terminerai ce que j'entreprendrai.
- Je vivrai dans le présent, sans regretter le passé ou appréhender le futur.
- Je me laisserai le temps d'apprivoiser ma solitude.

Chapitre 9

Du chagrin d'amour à la dépression

Comme nous l'avons vu dans les chapitres précédents, il est tout à fait normal de se sentir déstabilisé suite à une rupture et d'être en proie à des émotions telles que la peur, le chagrin, la frustration, la colère, le regret, etc. Néanmoins, nous devons être attentifs aux signes de détresse qui persistent dans le temps, que nous ayons subi la rupture ou que nous l'ayons provoquée. Comment savoir s'il s'agit d'une souffrance normale ou pathologique ?

Les principales maladies mentales générées par la séparation sont le trouble d'adaptation, les troubles anxieux et la dépression. C'est dans ce dernier cas que la crise suicidaire peut survenir. Bien entendu, seul un médecin, un psychologue ou un psychiatre est en mesure de poser un diagnostic. Cependant, sans interpréter nos troubles ou ceux de notre ex-partenaire, nous devons surveiller de près les manifestations de la douleur et réagir en conséquence si elles semblent disproportionnées.

Quand faut-il s'inquiéter ?

Le trouble d'adaptation est inhérent à la séparation. Cependant, si la rupture réactive ou déclenche des troubles anxieux ou dépressifs latents, il devient nécessaire de les prendre au sérieux.

Le trouble d'adaptation

On parle de trouble d'adaptation lorsque la personne ne parvient pas à trouver les moyens et ressources pour faire face à une nouvelle situation. Nous sommes tous appelés à traverser des épreuves ou à vivre des échecs. Un deuil, une perte d'emploi, l'annonce d'une maladie chronique en sont des exemples. La séparation est donc vécue comme un trouble d'adaptation pour la plupart des gens. Toutefois, les symptômes de dépression ou d'anxiété ne doivent pas persister au-delà de six mois. Si c'est le cas, il n'est plus question d'un trouble d'adaptation mais plutôt d'un *épisode dépressif majeur* ou d'une *dépression*.

L'anxiété

L'anxiété se traduit par une vive inquiétude, née de l'incertitude sur l'issue d'une situation, de l'appréhension d'un événement. La personne anxieuse s'attend à vivre des conséquences négatives et anticipe le pire. Son anxiété se manifeste autant par des symptômes physiques tels que les bouffées de chaleur, l'accélération du battement cardiaque, l'étourdissement, etc., que par des symptômes cognitifs : *« Je n'y arriverai pas »*, *« Je vais m'évanouir »*, *« On va me juger »*.

On distingue divers troubles anxieux comme la phobie sociale, le trouble panique avec ou sans agoraphobie et le trouble d'anxiété généralisée.

À chaque trouble son symptôme

Phobie sociale	Crainte d'être jugé par d'autres personnes entraînant un évitement des situations sociales. La phobie sociale s'accompagne souvent d'une perte d'estime de soi et d'une peur d'être critiqué.
Trouble panique	Présence d'attaques récurrentes d'anxiété sévère – attaques de panique – ne se produisant pas exclusivement dans une situation particulière et dont la survenue est imprévisible.
Agoraphobie	Évitement des lieux ou de certaines situations de peur d'avoir une attaque de panique ou de ressentir un malaise – peur de s'évanouir.
Anxiété généralisée	Présence de soucis excessifs à propos de différents sujets, difficilement contrôlables. Une anxiété diffuse persiste mais n'est pas nécessairement limitée dans le temps. Des symptômes physiques y sont associés comme des tensions musculaires, de l'insomnie et des problèmes de concentration.

Certains d'entre nous peuvent développer un trouble anxieux à la suite d'une rupture. Pensons à l'épouse qui a vécu avec le même homme pendant vingt ans et qui se retrouve du jour au lendemain livrée à elle-même. Si elle se fiait à son conjoint pour assumer les responsabilités financières, la perspective de son incapacité à répondre à ces obligations peut déclencher une crainte ou une angoisse. Des réactions de peur peuvent survenir – attaques de panique – et la paralyser dans ses activités quotidiennes.

D'autres ont toujours été anxieux et les symptômes latents sont exacerbés par la rupture, qui les met face à l'inconnu et les plonge dans l'insécurité. Par exemple, le conjoint qui souffre de phobie sociale et qui déléguait à sa partenaire les activités scolaires et extrascolaires des enfants peut se sentir désemparé après son divorce. Lorsqu'il a la garde des enfants, un week-end sur deux, il doit accompagner son fils aux matchs de football, situation qui l'oblige à parler aux autres parents malgré l'anxiété ressentie.

Il est donc très important de consulter notre médecin si l'anxiété persiste plus de six mois après la séparation, qu'elle affecte nos activités quotidiennes et nous plonge dans une détresse intense. Vivre une séparation est pénible. Y ajouter un trouble anxieux ne fera que ralentir notre guérison.

La maladie d'amour

Lorsque notre chagrin d'amour se transforme en maladie, et que nous sombrons dans l'inertie, il convient de réagir pour ne pas laisser la dépression s'installer.

Dépressif ?

La dépression se caractérise par une grande tristesse, un sentiment de désespoir, un désintérêt généralisé pour les activités ainsi que le monde extérieur, et procure un sentiment de dévalorisation intense. Cet état affecte donc l'humeur, les pensées et le comportement de la personne dépressive. Si vous venez de vivre une rupture amoureuse, répondre à ce questionnaire vous aidera à mieux évaluer votre état.

Tristesse ou dépression ?

- Vous qualifiez, ainsi que votre entourage, votre humeur de « dépressive » ?
- Vous ne trouvez plus d'intérêt à vous consacrer aux activités quotidiennes qui d'ordinaire ne vous posaient pas de problème particulier ?

- Vous êtes fatigué, vous vous sentez vidé de votre énergie ?
- Vous ne mangez plus ou au contraire vous vous « vengez » sur la nourriture ?
- Vous dormez mal, ou souffrez d'insomnie ?
- Vous vous sentez mou ou au contraire hyperactif, comportements inhabituels chez vous ?
- Vous vous sentez inférieur aux autres ?
- Vous culpabilisez alors qu'il n'y a pas lieu de le faire ?
- Vous éprouvez des difficultés à vous concentrer – travail, activités, conversations ?
- Vous avez des idées noires, voire l'envie de mettre fin à vos jours ?

Si vous identifiez chez vous l'un ou l'autre de ces symptômes, ne vous affolez pas ! Il est tout à fait normal, lors d'une séparation, d'être en proie à la tristesse et à la confusion. Cependant, si plusieurs de ces manifestations sont présentes chaque jour, et ce pendant plus de deux semaines, vous pouvez souffrir d'un épisode dépressif… Et vous ne serez pas le seul : peu de victimes d'un chagrin d'amour y échappent.

D'ailleurs, selon une étude de Statistique Canada[1], le risque de dépression est plus élevé après une rupture conjugale, surtout chez les hommes. L'étude montre que la séparation crée un plus grand risque de dépression indépendamment d'autres facteurs – difficultés financières, baisse du support social, etc.

1. Statistique Canada 2007 « Étude : Rupture conjugale et dépression subséquente », *in* site de Statistique Canada.

Ainsi :

- 12 % des personnes s'étant séparées déclarent avoir vécu un épisode dépressif, comparativement à 3 % des personnes dont la relation s'est poursuivie ;
- les hommes s'étant séparés sont six fois plus nombreux à avoir vécu un épisode dépressif ;
- la plupart des personnes vivant une dépression consécutive à la séparation ne sont plus déprimées quatre ans plus tard.

Envie d'en finir ?

Rappelez-vous que la douleur ressentie consécutivement à une séparation est passagère. Le suicide est une solution permanente à un problème temporaire. Tolérer l'inconfort et la souffrance peut paraître insupportable. Néanmoins, il faut se donner le temps de récupérer, de réorganiser sa vie sans l'être aimé, et ne pas agir sur un coup de tête.

Le support de l'entourage joue un rôle primordial lors de l'annonce de la séparation et tout au long du processus de deuil de la relation. Il s'agit de tisser un filet humain protecteur, plutôt que préférer l'isolement. Après cette période de crise, le constat de l'entraide et de la solidarité vous fera réaliser l'importance de l'affection des proches, malgré cet amour perdu, et vous aidera à retrouver un bien-être.

Dans les cas où des symptômes dépressifs sévères persistent, lorsque vous ne parvenez plus à fonctionner normalement, il convient de vous tourner vers votre médecin traitant, qui évaluera votre état. Selon vos résultats d'examens, il vous prescrira une médication adaptée ou vous orientera vers un spécialiste.

Depuis près de trois semaines, Cédric ne sort quasiment plus de chez lui. Sa compagne a brusquement mis fin à leur relation un mois plus tôt et le jeune homme a progressivement sombré. Au début, il a réussi à trouver la force de se rendre à son travail. Mais rapidement, il a préféré se terrer chez lui. Lorsqu'il se réveille, de sombres pensées l'assaillent. Chaque action est un combat. « C'est comme si j'étais face à un mur. Me lever, prendre ma douche, m'habiller, sortir faire les courses... Tout cela me semble insurmontable. Quant à retourner travailler, c'est au-dessus de mes forces. Mon téléphone sonne dans le vide, je ne parviens même plus à décrocher. Mes amis et mes collègues de boulot s'inquiètent, je le sais bien... Mais que pourrais-je leur dire ? Je ne sais plus comment vivre. Je ne suis même plus sûr d'en avoir envie. »

Terriblement inquiète et sans nouvelles de lui depuis plusieurs jours, la sœur de Cédric finit par entrer de force dans l'appartement de son frère. Elle le trouve avachi dans son canapé, sans forces, amaigri et décide de rester à ses côtés, malgré les protestations de celui-ci. Elle réussit peu à peu à renouer le dialogue. Elle l'engage à exprimer ses angoisses, ses sentiments et, alarmée par ses envies suicidaires, le questionne sur la façon dont il envisage de mettre son projet à exécution[1]. Rassurée par ses réponses évasives, la sœur de Cédric décide de le laisser se remettre doucement du choc, tout en le surveillant de près. Au bout de quelques jours, elle remarque une

1. Pour avoir des réponses claires, il faut poser des questions claires. À cet effet, vous pouvez utiliser le COQ : « Comment veux-tu te suicider ? Où ? Quand ? » Plus la personne a précisé son plan suicidaire, plus l'urgence est élevée. En plus, si son moyen – fusil, pilules, corde – est accessible, l'éventualité de passer à l'acte est très élevée. Si cela est possible pour vous, assurez-vous de limiter l'accès à ces moyens.

amélioration ; l'appartement propre, le frigo rempli et l'air qui entre par les fenêtres semblent faire renaître une étincelle dans les yeux de Cédric. Sa sœur en profite alors pour l'orienter, en douceur, vers un professionnel de santé.

Après une rupture, on observe une baisse de la sécrétion des hormones de plaisir – les endorphines. Les antidépresseurs agissent précisément sur la chimie du cerveau, en corrigeant le taux de sérotonine et de noradrénaline. La médication permet alors de retrouver en quelques semaines le sommeil, l'appétit, ainsi qu'une meilleure concentration.

Toutefois, nous vous encourageons à entamer parallèlement une thérapie pour vous aider à dresser un bilan de votre relation, de vos objectifs de vie et élaborer des moyens pour surmonter la séparation. La médication s'avère alors complémentaire à la thérapie. Tout comme une bouée de sauvetage, elle vous aide à revenir sur la rive pour réapprendre, ensuite, à nager.

Chapitre

10

Distance, proximité : quels liens garder avec son ex ?

Entre *« Je ne veux plus jamais te voir ! »* et *« On s'appellera tous les jours comme avant ? »*, nous pouvons choisir d'entretenir un lien de façon plus modérée avec notre ex-partenaire. Certains d'entre nous seront ouverts aux brèves conversations à l'occasion, *« Si on se croise dans la rue, je ne t'ignorerai pas ! »*, d'autres s'appelleront une fois l'an pour se souhaiter un bon anniversaire, et d'autres encore maintiendront un contact indirect *via* les amis communs ou par mail. La décision d'adopter telle ou telle attitude vis-à-vis de l'ex-partenaire appartient aux seules personnes concernées : les ex-membres du couple. Comment se comporter avec son ex dans les semaines qui suivent la rupture ? Est-ce que cette attitude peut et doit changer au fil des mois ou des années ? Est-il possible de devenir ami avec son ex après en avoir été amoureux ? Est-il préférable de rompre aussi avec ses amis et sa famille ?

Marquer une séparation physique et affective

Lorsque nous sommes fraîchement séparés de notre ex-partenaire, il convient d'instaurer une distance physique avec lui ou elle, pour entériner la distance affective.

Où placer le « curseur distance » ?

Avant de nous demander quel lien garder avec notre ex-partenaire, il est pertinent de nous interroger sur nos sentiments réels à son égard. Parce que dans la plupart des cas, quand la séparation est clairement établie et que les ex-partenaires sont avancés dans leur cheminement, la question de la relation à maintenir n'a plus d'importance. Cela va de soi : c'est fini, et il n'y a plus vraiment de raisons pour entretenir un lien.

Après nous être expliqués sur les causes de la rupture, puis avoir réglé la question de la séparation des biens, nous pouvons passer à autre chose et laisser l'autre faire de même… Facile à dire ! En effet, certains éléments peuvent considérablement complexifier cette question :

- Si nous avons eu des enfants avec notre ex, quels rapports entretenir avec lui pour assumer au mieux notre rôle de parent après la séparation ?
- Si l'un a assumé un rôle significatif auprès des enfants de l'autre, doit-il disparaître aussi de leur vie à eux ?
- Si nous travaillons dans la même entreprise, que nous vivons dans le même quartier ou encore que nous sommes inscrits dans la même salle de sport que notre ex, comment gérer nos rapports avec lui/elle ?

- Devons-nous continuer de partager les mêmes moments avec nos amis communs – dîners, fêtes, vacances ?
- Faut-il « virer » notre ex de nos réseaux sociaux virtuels ou au contraire conserver ce seul lien avec lui/elle ?

Bien qu'il n'y ait pas de réponse catégorique à ces questions, elles méritent d'être posées. Nous devons tâcher d'y répondre le plus sincèrement possible, car cela nous aidera à mieux nous remettre de la séparation. En effet, ces interrogations peuvent constituer des embûches ou des défis dans notre cheminement vers une rupture réussie. Mais avant de réfléchir sur le long terme, il convient, dans les premiers temps de la rupture, de maintenir une distance avec l'autre.

L'objectif de la séparation est d'établir une réelle coupure entre deux personnes qui partageaient leur vie quotidienne, leur vie sexuelle, une histoire et un futur commun. Pour ménager nos souffrances affectives, il importe d'ériger des murs face à l'autre, et d'opérer une séparation physique[1]. Les deux ex-conjoints doivent d'abord cesser d'habiter ensemble et restreindre les occasions de se côtoyer. Cela peut impliquer de choisir un appartement éloigné de celui de son ex, de changer d'horaire pour les activités où l'on risque de le ou la croiser, d'adopter un nouveau parcours de jogging, de se dégager d'un projet commun si notre ex est aussi un collègue de travail. Une distance physique entre les deux personnes est indispensable, dans un premier temps, pour que leurs cœurs s'éloignent aussi.

---

1. Charest Rose-Marie, *Les dynamiques amoureuses : entre désirs et peurs*, *op. cit.*

Les ravages d'Internet

Quelques années plus tôt, il était relativement simple d'établir une séparation physique et d'éviter les endroits fréquentés par son ex-partenaire. L'avènement des réseaux sociaux virtuels peut compliquer une telle séparation. En tant qu'utilisateurs réguliers des nouvelles technologies, nous considérons comme « amies » des personnes que nous ne rencontrons que très rarement mais avec qui nous entretenons un lien régulier *via* Facebook, MSN ou par textos. Pour nous, les liens et contacts virtuels équivalent aux rencontres de personne à personne. De plus, les échanges par courriels favorisent une certaine intimité. L'écriture portant naturellement à la confidence, nous nous livrons plus facilement à l'autre que lors d'une vraie rencontre, notamment si elle est fortuite.

Les liens Internet paraissent anodins, cependant ils ouvrent la porte à davantage de possibilités de liens que ce que nous avions envisagé au départ. Dans le cadre de suivis psychothérapeutiques de personnes en deuil amoureux, il n'est pas rare d'en voir certaines « rechuter » ou rétablir un contact après être péniblement parvenues à s'imposer une séparation. Les moments de solitude et d'ennui sont propices à déclencher des interrogations sur la vie de l'autre : *« Que devient-elle ? »*, *« M'a-t-il oubliée ? »*. Il s'avère alors plus facile de rédiger un message et de cliquer sur « envoyer » que d'aller sonner chez l'autre pour obtenir notre réponse. Tant que le deuil de la relation amoureuse n'est pas entériné, nous sommes vulnérables, à l'image d'un alcoolique en sevrage qui se doit d'éviter les bars pour ne pas retomber dans la boisson. N'oublions pas que notre ex ne peut pas nous soulager de la perte qu'il représente, au contraire.

Par ailleurs, détenir des informations sur les comptes virtuels de notre ex-partenaire – codes d'accès, mots de passe – peut nous pousser à entreprendre des actions que nous regrettons souvent par la suite…

Annabelle et Benjamin sont séparés depuis trois semaines et ont décidé de ne plus se donner de nouvelles. Un soir de grande solitude, Benjamin, qui allait mieux depuis quelques jours, ne résiste pas à la tentation d'espionner la boîte mail de son ex-compagne. Grâce aux codes d'accès qu'il a gardés en tête, Benjamin se connecte au compte mail d'Annabelle et tombe sur une série de messages adressés à la meilleure amie de cette dernière. Au fur et à mesure de sa lecture, Benjamin sent la colère monter en lui. Annabelle « va bien » et « rayonne » même « de bonheur » depuis qu'elle a rencontré Sylvain, lors d'une soirée chez sa cousine. Ulcéré, Benjamin se déconnecte et éteint son ordinateur avant de sombrer dans d'amères ruminations. « Comment a-t-elle pu se remettre aussi rapidement de notre séparation ? Qui est ce Sylvain ? Qu'est-ce qu'il a de plus que moi ? Elle aurait quand même pu changer son mot de passe ! Maintenant il va me falloir des semaines pour m'en remettre... »

Pour éviter toute ambiguïté, il est pertinent de discuter clairement certains points avec notre ex-partenaire au préalable. *« Cette rupture est dure à vivre pour moi. Ce n'est pas que je veuille t'oublier ou que tu n'es plus importante pour moi, mais pour faciliter la distance, je vais te retirer de ma liste d'amis sur les réseaux sociaux d'Internet. Par ailleurs, je te demande de bien vouloir modifier tes codes d'accès… Cela m'évitera la tentation d'espionner tes conversations, car c'est la dernière chose que je souhaite faire. »*

Les courriels avec l'adresse Internet personnelle peuvent cependant être très pratiques pour fixer des rendez-vous chez le notaire, s'informer des horaires de garde des enfants ou pour partager une information importante. En général, il convient de rester factuel et d'éviter au maximum les longs messages relatifs à notre état émotionnel du moment. Nous n'avons pas besoin d'être informés continuellement de nos cheminements mutuels.

La question « a-t-il/elle rencontré quelqu'un d'autre ? » survient très fréquemment dans l'esprit des ex-partenaires. Pour remédier à cette interrogation potentiellement obsédante, certains d'entre nous conviennent de s'informer l'un l'autre dans le cas où un nouvel engagement amoureux serait en cours. Cette solution évite aussi d'avoir à l'apprendre indirectement, par un ami commun ou un moyen détourné comme dans le cas de Benjamin. Par ailleurs, nos aventures, amourettes et autres expériences plus ou moins sérieuses sont de l'ordre de notre vie privée et notre ex-conjoint n'a pas à recevoir de confidences de notre part à ce sujet.

Alors, amis ?

L'idée de demeurer amis est souvent proposée par la personne qui initie la séparation. Souvent, elle se sent coupable de délaisser l'autre et elle craint la solitude. Tandis que, pour celui qui est quitté, il peut s'agir d'une ultime tentative de reconquérir l'autre[1]. L'expression « rester amis » est curieuse, car elle semble indiquer que les membres du couple ont d'abord été des amis, ce qui n'est pas toujours le cas.

1. Delis Dean, Phillips Cassandra, *Le paradoxe de la passion*, *op. cit.*

Elle semble raconter aussi que la relation amoureuse est vécue comme une relation amicale, à laquelle sont ajoutés d'autres éléments, notamment la cohabitation et la sexualité, et que ces éléments peuvent disparaître sans affecter l'essence de la relation. L'amour et l'amitié sont deux types de lien distincts. En outre, passer de l'amitié à l'amour est plus naturel que l'inverse. La séparation amoureuse doit avoir été effective avant qu'un nouveau lien se construise, duquel seront bannis le désir, l'exclusivité, l'intimité sexuelle et affective. Le respect, la connaissance profonde de l'autre et l'attachement, liés à l'histoire de la relation, peuvent survivre à la séparation et nourrir ce nouveau lien d'amitié. Cependant, même si nous réunissons ces conditions gagnantes, des complications peuvent survenir, notamment avec l'arrivée de nos nouveaux partenaires.

Les absolus et les relatifs

Certains d'entre nous sont dits « entiers » ou « absolus » et ont des opinions très tranchées sur la vie et les autres. Il en va généralement de même pour les sentiments qu'ils portent à un amoureux ou une amoureuse. C'est blanc ou noir. Ils aiment de tout leur cœur, mais dès lors que la relation s'arrête, c'est fini, la page est tournée.

D'autre part, certaines personnes éprouvent des sentiments à différents degrés. Elles sont moins passionnées, mais leur amour est solide. Il peut évoluer et durer longtemps. Dans la rupture, elles n'aiment plus suffisamment pour poursuivre la relation, mais aiment encore trop pour se passer complètement de l'autre. Elles espèrent l'amitié après l'amour et, pour elles, ce type de relation peut être concomitant à un nouvel engagement amoureux. Ce sont les « relatives ».

Julien a rompu avec Delphine il y a plus d'un an. Ils ont traversé des épreuves qui les ont conduits à se séparer dans la bonne entente et le respect. Ils continuent à se voir régulièrement, font quelques sorties ensemble, notamment le ski de fond, activité qu'ils ont partagée tous les deux durant leurs huit années de couple.

Julien commence à fréquenter Clara, une « absolue ». Elle a aimé ses anciens partenaires passionnément, mais elle n'entretient plus aucun contact avec eux. Pour elle, ils font partie de son passé. Julien lui explique l'importance de sa relation avec Delphine et tente de la rassurer. Rationnellement, elle comprend, mais quand il part skier avec son « amie », Clara ne peut pas s'empêcher d'être dérangée, en colère. Il s'agit d'une ex, une femme dont il a longtemps été le partenaire amoureux !

Au début, Julien et Clara parviennent à gérer la situation, mais avec le temps et son engagement de plus en plus sérieux, Julien voit bien qu'il y a une iniquité entre eux. Il est ami avec son ex tandis que Clara n'a que des amies femmes. Aussi, il aime bien voir Delphine, mais il a moins envie de se confier à elle lors de leurs randonnées. Delphine le sent, elle voit qu'il n'est plus comme avant, et elle appréhende un nouveau deuil relationnel avec Julien.

Sans ambiguïté ?

Dans l'exemple qui précède, il est évident que Delphine n'est pas une amie comme une autre. Bien que cette relation amicale convienne au départ aux deux ex-amoureux, quand l'un s'engage avec une nouvelle personne, cette situation peut générer des complications et des tensions. Quand Julien rencontre ses amis, il invite Clara à l'occasion. Ses relations avec ses amis masculins sont dégagées de désir et de toute histoire d'intimité amoureuse. Clara connaît ses amis. De plus, il les voit régulièrement en groupe et pratique des activités avec eux. En revanche, quand il rencontre Delphine, il n'invite pas Clara. Il est seul avec son ex, ce qui génère un climat d'intimité propre aux confidences. Alors quand il explique à Clara que son ex n'est qu'une amie comme une autre, il sait bien que ce n'est pas tout à fait exact. Va-t-il choisir de préserver sa relation amicale avec Delphine, au détriment de sa nouvelle relation ? Dans une telle situation, qu'est-ce qui doit peser le plus dans la balance : le malaise de Clara face à la relation de Julien avec son ex ? Les intentions nobles dans son amitié avec Delphine et son désir de poursuivre avec Clara ? La peine subie par Delphine dans le cas où le lien serait rompu avec Julien ? Les discussions autour de ces enjeux peuvent contribuer à l'évolution de la nouvelle relation.

Encore une fois, il n'y a pas de réponse absolue ni de règle universelle. Il est possible qu'une relation amicale avec un ex-conjoint ne compromette pas une nouvelle relation. Cependant, dans le but de réussir à la fois notre séparation et de nous engager à nouveau, il convient de faire plus simple. Avec notre ex, il est important d'identifier clairement ce qui a conduit à la rupture afin de ne pas répéter les mêmes dynamiques dysfonctionnelles dans une nouvelle relation. Il importe aussi de statuer clairement sur l'état du lien à entretenir après la séparation. Enfin, qu'un lien faible ou fort persiste avec notre ex, il nous faut être disponibles. Faire de la place dans notre cœur, notre appartement et notre « planning » est indispensable pour s'engager dans une nouvelle idylle.

Entre parents séparés

Les parents séparés n'ont pas à devenir des amis, mais ils doivent demeurer ou devenir « coéquipiers » dans le but d'éduquer au mieux leurs enfants. Il s'agit d'une obligation, car la position que les parents séparés vont adopter détermine considérablement la vie affective de leur progéniture – et la leur !

Les couples qui prennent la décision de divorcer et qui ont eu des enfants ensemble ont de grands défis à relever. Ils doivent réussir leur séparation tout en soutenant leurs enfants, aménager une nouvelle gestion de vie souvent complexe, composer avec une baisse de ressources financières, gérer leur souffrance émotive, trouver une position adéquate dans leur lien avec leur ex de façon à bien remplir leurs obligations parentales tout en faisant de la place à un nouveau partenaire qui aura peut-être aussi ses propres enfants. Même si ces actions sont difficiles à mener de front, il est essentiel que les parents préservent leurs enfants.

Éviter les conflits avec notre ex-partenaire s'avère donc essentiel. Conserver de bons rapports avec leur père ou leur mère aidera nos enfants à mieux accepter notre rupture et facilitera notre potentiel d'engagement dans de nouvelles relations. De plus, maintenir une routine quotidienne amenuisera le sentiment d'insécurité et le stress ressentis par nos enfants lors de la séparation.

Éviter le piège du conflit de loyauté

Les conflits entre les parents séparés, notamment ceux qui persistent au-delà de la rupture, sont la principale source de difficultés d'adaptation chez les enfants[1].

•••/

1. Desrosiers Hélène, Simard Micha, *Diversité et mouvance familiales durant la petite enfance*, Institut de la statistique du Québec, 2010.

\•••

Voici quelques suggestions que les parents doivent considérer pour éviter à leurs enfants de se sentir pris au piège du conflit de loyauté :

- communiquer et informer les enfants sans les impliquer dans le conflit ;
- les deux parents doivent rester présents après la séparation dans la vie de leur enfant (les enfants en garde partagée vivent mieux la séparation que ceux qui vivent avec leur mère ou leur père exclusivement) ;
- éviter les conflits avec l'ex ou le nouveau partenaire après la séparation ;
- ouvrir des portes de communication aux enfants, respecter leurs silences, être attentif et réceptif aux confidences surprises ;
- être vigilant face aux silences des enfants ;
- faire en sorte que l'enfant ne se sente pas en conflit de loyauté envers l'un ou l'autre de ses parents.

Lorsque des conflits entre les parents persistent au-delà de la séparation et que l'enfant entend régulièrement des commentaires négatifs émis par l'un de ses parents à l'égard de l'autre, il peut se sentir déloyal d'aimer son parent dénigré. Il est primordial que les parents distinguent leurs conflits de couple de leur rôle de parents. Le couple n'est plus, mais l'équipe de parents demeure. Ils doivent éviter d'utiliser leur progéniture comme messager, intermédiaire, médiateur, ou comme éponge émotionnelle. L'enfant n'a pas à entendre les ressentiments, les soupirs ou les griefs de son parent à l'encontre de son ex-conjoint. Parce que son souhait est de pouvoir continuer d'aimer librement ses deux parents.

Par ailleurs, les couples qui ont un enfant ou plus, mariés ou non, peuvent bénéficier gratuitement de l'aide de personnes spécialisées dans la médiation familiale. Psychologues, travailleurs sociaux, avocats et notaires ont pour objectif de proposer des solutions pour atténuer le conflit et surtout maintenir le lien entre les parents. Cette démarche donne généralement des résultats positifs.

Dans les étapes de la vie de nos enfants – mariage, naissance des petits-enfants, maladie, fêtes familiales –, nous aurons toujours un rôle de parent, ou de grand-parent, et devrons composer avec la présence de notre ex-conjoint(e) et éventuellement celle de notre nouveau compagnon de vie. C'est pourquoi, en tant que parent, il convient d'adopter ces attitudes :

- une fois le divorce bien établi, évitez de vous confier intimement à votre ex-partenaire. Les confidences, les souffrances du passé, les détails de votre nouvelle vie amoureuse n'ont pas leur place dans ce type de relation ;
- avec le père ou la mère de vos enfants, restez poli et respectueux. Gardez une saine distance sans être froid. Établissez une barrière d'intimité, un peu comme avec des voisins. Vous pouvez échanger sur votre vie actuelle et vous devez échanger sur ce qui touche la vie de vos enfants.

Avec les amis communs et la belle-famille

Fréquenter le même cercle d'amis que la personne que vous avez choisi de quitter semble incohérent. Les amis communs peuvent se sentir « coincés » entre les deux ex-conjoints, qui viennent se confier de part et d'autre. Leur rôle est avant tout de supporter et non de juger ou de prendre position. Mais comment ne pas se vexer lorsque les amis acceptent d'accueillir le nouveau partenaire de son ex ?

C'est surtout dans les mois qui suivent la séparation qu'il importe de ne pas fréquenter en même temps le même cercle d'amis. Lors d'une fête où les deux ex sont invités, ceux-ci n'ont pas à prendre leurs amis en otage, « *Quoi ? C'est elle que tu choisis ? !* », et peuvent décider ensemble qui ira à cette fête cette fois-ci.

Avec les beaux-parents, même si les rapports ont été harmonieux, ils s'étiolent généralement avec la fin de la relation amoureuse. Même si nous étions très attachés à la famille de notre ancien conjoint, comment fréquenter ces personnes sans que nos contacts avec elles ne nous ramènent à celui que nous avons quitté ?

Certains d'entre nous optent pour un moment d'adieu plus ou moins formel avec leur ex-belle-famille. Ils en profitent pour les remercier de la place qu'elle leur a donnée et de l'accueil reçu. Ils se souhaitent bonne chance et leur demandent de prendre soin de leur fils, fille, frère ou sœur, qui en aura bien besoin dans les semaines à venir. Parfois aussi, ils pleurent ensemble !

Se poser la bonne question

En somme, dans la séparation, il faut que nos comportements soient cohérents avec l'idée même de la rupture. Il doit y avoir une réelle interruption avec notre ex-conjoint, ses proches et son environnement. Une fois que la séparation physique est bien intégrée, que des mois se sont écoulés, et qu'un dégagement affectif significatif est opéré – cela pourrait se traduire simplement par le fait que les deux ex n'éprouvent plus de sentiment amoureux ni d'émotion intense l'un envers l'autre –, un autre lien peut être possible. Quoi qu'il en soit, la question du lien à conserver ne doit se poser qu'après que nous avons traversé les étapes de la séparation. La bonne question à se poser ne serait donc pas : « *Est-ce possible de rester amis ?* » mais plutôt : « *Est-ce nécessaire de rester en lien ?* » Quand vous aurez senti que vous avez tourné la page sur cette relation amoureuse, aurez-vous vraiment envie ou besoin de devenir son ami ou amie ?

Chapitre 11

S'engager à nouveau

Durant la séparation, que l'on en soit la victime ou l'initiateur, la question d'une nouvelle relation se pose. Certains d'entre nous cherchent à se soulager de la souffrance, d'autres à éviter de traverser une période de solitude. Celui ou celle qui a décidé de quitter son partenaire a une longueur d'avance. Il ou elle peut retrouver une certaine énergie après la rupture et avoir envie de foncer, de vivre pleinement en favorisant de nouvelles rencontres.

Mais comment savoir si l'on est prêt ? Il faut d'abord en avoir envie ! Retomber amoureux est une bonne chose. Cependant, ce n'est pas à considérer comme un impératif, essentiel et urgent. Selon le scénario le plus courant, après une ou quelques brèves tentatives, nous nous apercevons bien souvent que nous ne sommes pas si disposés que cela à vivre une nouvelle histoire d'amour. Nous sommes un peu perdus, ou trop imprégnés de notre précédente relation, ou encore nous prenons conscience que nous cherchons à retrouver l'être perdu plutôt que construire une nouvelle relation. La question des nouvelles rencontres passe alors au second plan et nous donnons la priorité à une reconstruction personnelle. Des mois plus tard, après nous être retrouvés et avoir apprivoisé la solitude, la question d'un éventuel réengagement amoureux ressurgit, non pas nécessairement comme un besoin urgent, mais bel et bien comme une envie.

Plusieurs scénarios possibles

La morale voudrait que nous laissions passer un temps considérable avant d'oser nous afficher avec une autre personne. Pourtant, dans les faits, la durée du célibat post-rupture est très variable et n'est pas toujours liée à la réussite ou à l'échec d'une nouvelle relation. Certaines personnes entament une liaison alors que l'ancienne n'est pas complètement terminée et ce type de départ n'est pas toujours voué à l'échec, bien que ce « modèle » soit assez risqué. D'autres, des années plus tard, ne se sentent toujours pas prêts à aborder une autre relation.

On ne choisit pas le moment auquel on tombe amoureux. Ce n'est pas parce qu'une personne est prête et disposée qu'elle va rencontrer un partenaire avec qui elle aura envie de faire un bout de chemin. Une autre, en pleine rupture, décidée à prendre son temps pour rencontrer un nouveau partenaire, fera une nouvelle rencontre malgré elle et accueillera la possibilité de recommencer une histoire. Il serait dommage d'y renoncer sous prétexte que le deuil de l'ancienne relation n'est pas entièrement fait ou parce que l'entourage voit d'un mauvais œil cette nouveauté. Ce n'est donc pas une question de temps.

La relation pansement

Comme Tarzan qui se balance de liane en liane pour arriver jusqu'à Jane, il arrive que des célibataires se lancent dans des amourettes peu significatives. Ces relations pansements sont parfois jugées négatives par l'entourage et même par la personne impliquée. Pourtant, elles peuvent apporter beaucoup. D'abord, ceux pour qui cette démarche est un moyen d'oublier l'autre constatent l'échec de cette solution et réalisent à quel point ils étaient mieux avec leur partenaire précédent. Pour d'autres, un bref répit dans cette période douloureuse sera le bienvenu, car plaire et sortir avec une nouvelle personne leur fait du bien. Quoi que nous choisissions, nous nous devons d'être honnêtes avec l'autre et avec nous-mêmes, et de prendre cette relation pour ce qu'elle est, sans rien promettre.

Pour ceux ou celles qui ont traversé le deuil, provoquer de nouvelles rencontres peut avoir valeur d'exercice de connaissance et d'estime de soi. Après avoir été avec la même personne pendant vingt ans, s'en être séparé et avoir traversé une période de transition en solitaire, il peut être difficile de bien connaître ses préférences en matière d'expériences amoureuses. Des années de compromis amoureux ont pu affecter vos réelles ambitions en la matière. Préférez-vous les escapades ou les grands voyages ? Un partenaire qui vous ressemble ou, au contraire, qui soit différent ? Partager votre espace de vie ou rester tranquillement chez vous ?

Si toutes les relations ne sont pas à prendre au sérieux, elles ne sont pas mauvaises pour autant. Qui sait ? L'homme qui nous paraissait parfait au début pourra se révéler plus encombrant que notre solitude et celui qui semblait ennuyeux s'avérer charmant au fil des rencontres. D'ailleurs, combien de mariages ou d'unions à long terme ne débutent pas par des amourettes d'abord destinées à être passagères ? !

Comment réussir un nouveau départ ?

Une nouvelle idylle n'est pas une délivrance ou une solution à un problème. Le célibat n'est pas une maladie à guérir, pas plus que la satisfaction conjugale n'est un gage de réussite et de bonheur. La personne rêvée, celle qui va nous combler sur tous les plans, n'existe pas. Avec un nouveau partenaire, après la passion et la romance, il nous faudra de nouveau parler, faire des compromis, apprivoiser le quotidien et gérer de nouvelles insatisfactions.

Certaines conditions favorisent néanmoins la réussite d'une nouvelle rencontre, qui pourra éventuellement se transformer en relation amoureuse. Parmi ces facteurs, les qualités personnelles, l'aptitude au compromis et la maturité affective sont à prendre en compte.

Être disponible

Entamer un nouvel engagement sans avoir compris ce qui a conduit à l'échec dans le précédent est risqué. Ce serait comme d'affirmer : *« Je vais trouver une meilleure personne pour ne pas avoir à changer*[1]. » Il faut alors se demander : *« Est-ce que mes attentes face à une nouvelle relation sont réalistes ? Est-ce que mes besoins m'appartiennent ? Est-ce à cette nouvelle personne de les combler ? »* Nous ne pourrons pas nous engager pleinement avec une autre personne si des liens antérieurs nous

1. Charest Rose-Marie, *Les dynamiques amoureuses : entre désirs et peurs*, *op. cit.*

retiennent, surtout s'ils sont cimentés par l'hostilité, le ressentiment et la culpabilité. Certains d'entre nous sont tellement affectés par leur rupture qu'ils ferment la porte à tout candidat ou candidate potentiel(le). Ne pas opérer ce détachement salutaire hypothèque sérieusement la capacité d'établir une autre relation et d'évoluer dans cette future relation[1].

Être autonome

L'épreuve de la rupture est une occasion de retrouver une autonomie dans l'estime que nous nous portons. Nous n'avons pas de pouvoir sur l'autre, mais rien ne nous empêche de travailler notre maîtrise de nous-mêmes ! L'élément principal est ainsi de retrouver la capacité à s'autoréguler seul, après des années de vie à deux, d'acquérir le sentiment d'avoir de la valeur même après l'échec d'une relation ou le rejet subi. Le défi que nous devons relever est de réussir à nous valoriser dans notre vie quotidienne sans passer par le regard d'un partenaire amoureux. Ces aptitudes enrichissent et bonifient notre rapport à nous-mêmes, aux autres et au monde.

Être ouvert aux rencontres

L'être humain est social. Il est donc normal de vouloir vivre une relation intime et d'espérer être heureux à deux. Le souhaiter et le ressentir n'est pas un indice de dépendance. Car cette dernière résulte d'une incapacité à se départir d'un lien toxique, qui nous fait du tort ou nous détruit. Avoir envie de vivre à deux est naturel.

---

1. Langis Pierre, *Psychologie des relations intimes : L'amour et le couple*, 3e édition, Bayard Canada, 2005.

S'amuser, s'ouvrir, pleurer et rire, découvrir une personne, naviguer dans la tourmente et la paix, aimer et être aimé, c'est l'essence de la vie.

Assurez-vous que les vestiges de la relation passée sont à leur place – boîte à souvenirs – et que vous êtes disposé à accueillir une nouvelle relation – vous ne fuyez plus dans le travail et vous vous accordez le temps de sortir, par exemple. Vous êtes curieux et ouvert à la perspective de nouvelles rencontres. Vous en ressentez l'envie mais ce n'est pas un besoin fondamental qui vous ronge chaque jour.

Enfin, pour amorcer une relation avec une nouvelle personne, il faut l'avoir rencontrée ! Si vous répondez positivement aux trois ensembles de facteurs, cette rencontre sera prise pour ce qu'elle est : la découverte d'une personne, différente et nouvelle, et un engagement progressif avec celle-ci sont possibles. L'épreuve de la rupture que vous avez traversée n'occasionne pas une crainte démesurée. À mesure que la nouvelle relation chemine, il pourra être pertinent de partager brièvement vos expériences passées, afin de mieux vous comprendre l'un l'autre.

Et les enfants dans tout cela ?

Des enfants, notamment en bas âge, qui ont vu les fondations familiales s'écrouler, ont besoin de restaurer leur sécurité affective. Et ce n'est pas en assistant au défilé des nouveaux partenaires de leurs parents qu'ils y arriveront ! Il convient donc de ne leur présenter notre nouvelle conquête que lorsque nous sommes sûrs de notre engagement. Bien sûr, il serait hasardeux de prévoir la durée d'un lien naissant. Mais si nous ne nous proclamons plus célibataires, que nous avons l'envie d'aller plus loin, que notre partenaire la partage et qu'il prend en considération notre statut de parent, nous pouvons envisager de présenter progressivement notre partenaire à nos enfants.

Notre nouvel amoureux doit comprendre de façon explicite qu'il aura à composer avec la présence occasionnelle des enfants, que ceux-ci passeront souvent en priorité et qu'ils existent autant que nous dans cette relation. D'autre part nos enfants devront comprendre notre besoin de vivre un nouvel engagement amoureux, et savoir que celui-ci ne compromettra pas leur place et qu'ils se devront d'être respectueux et ouverts vis-à-vis de cette nouvelle personne. Éventuellement, notre nouveau partenaire se prendra d'affection pour nos enfants et pourra jouer un rôle significatif dans la vie de ceux-ci… À condition que ces derniers soient d'accord !

Conclusion

Souvent, nous percevons la rupture amoureuse comme un échec. Pourtant, si nous nous attachons à considérer cette expérience comme faisant partie de la vie, de l'histoire amoureuse avec notre ex-partenaire, nous en retirerons une satisfaction. Bien rompre amenuise le sentiment d'échec. Des années après, nous nous souviendrons encore de la rupture car celle-ci laisse toujours son empreinte dans notre mémoire affective. La séparation sera le souvenir que nous garderons de l'ensemble de la relation amoureuse vécue ; il convient donc de bien la préparer, pour nous donner toutes les chances de réussir nos prochaines histoires.

Bien sûr, après le chaos des derniers mois qui précèdent la rupture, dans lesquels les disputes, les déceptions, les crises et les blessures du cœur sont souvent de mise, il est difficile de s'offrir une « belle » séparation. Une relation qui se conclut par une séparation est, logiquement, une relation insatisfaisante, problématique. Ceci dit, la rupture et la période qui la suit sont aussi l'opportunité de considérer l'autre et nous-mêmes différemment. Les rapports avec notre ex-partenaire peuvent devenir plus harmonieux. De même, la rupture peut nous offrir l'opportunité de mieux nous connaître. Ainsi, il est possible d'échouer dans son projet de couple et de réussir sa séparation !

Il n'y a pas de recette universelle pour composer avec cette épreuve. Cependant, grâce à des points de repère, de la volonté et de l'information, la rupture peut nous être moins pénible et plus profitable.

Mort et renaissance

La séparation n'est pas une solution ultime qui élimine tous les ennuis conjugaux et apporte le bonheur total. Être heureux en amour et être heureux dans la vie sont deux états distincts. En réalité la rupture comporte un travail de deuil, de réaménagement affectif, social, familial et économique. En général, se séparer est difficile et provoque de la souffrance. Pendant une période intense, nous devons maximiser nos aptitudes de gestion et de communication, détruire un lien intime et profond sans détruire l'autre, puis nous reconstruire. L'ensemble de l'opération constitue un objectif en soi.

« Enfin ! Cette séparation était pour moi une montagne et me voilà parvenu au sommet. C'est curieux comme les parois, une fois franchies, paraissent moins abruptes que ce qu'elles semblaient au départ. Mais je suis fier de moi. Fier de nous. Nous avons rompu. Nous étions brisés et notre amour s'est éteint. Mais pas notre respect mutuel. Nous avons traversé la fin de la relation comme une dernière étape de notre histoire, ensemble, puis nous avons cheminé chacun de notre côté. C'était comme une mort, puis une renaissance. L'histoire est finie, mais j'en garde un bon souvenir. Cette liaison est un monument qui fait partie de ma vie. J'ai souffert, mais finalement c'était

un mal pour un bien. Un passage nécessaire. Cette période noire a été laborieuse, malgré tout elle m'a conduit ici, plus près du soleil. Et je suis avide de continuer ma route vers des horizons plus larges encore. »

Il serait utopique d'espérer qu'une séparation, et la période de remise en question qui la suit, ressemble à un conte de fées. Une rupture amoureuse est un passage difficile. Il est réaliste pourtant de faire en sorte qu'elle ne ressemble pas à une guerre. Peut-être un jour des contes pour enfants se concluront par une nouvelle ritournelle : *« Ils se marièrent, vécurent heureux et eurent de nombreux enfants. Puis un beau jour, ils se séparèrent dans l'harmonie, et poursuivirent de nouveaux chemins ! »*

Bibliographie

ALBERONI Francesco, *Le choc amoureux : L'amour à l'état naissant*, Ramsay, 1981.

AMBERT Anne-Marie, *Divorces : faits, causes et conséquences*, Institut Vanier de la famille, 2009.

BADER E., PEARSON P.T., *In quest of the mythical mate : developmental approach to diagnosis and treatment in couples therapy*, Burnner/Mazel, 1988.

BÉRUBÉ Linda, *Rompre sans tout casser*, Éditions de l'Homme, 2001.

BURNS David, *Être bien dans sa peau*, Éditions Héritage Inc., 1985.

CAPLAN G. (1961), *An approach to community mental health*, New York, Grune et Stratton.

CAREAU Louise, « Tomber en amour et le rester », *in* site du Centre d'aide aux étudiants de l'université Laval,
[En ligne.] http://www.aide.ulaval.ca/sgc/site/cocp/pid/2802
(Page consultée le 10 janvier 2011.)

CHAREST Rose-Marie, *Les dynamiques amoureuses : entre désirs et peurs*, Bayard Canada Livres, 2008.

CLERGET S., *Séparons-nous… mais protégeons les enfants !*, Albin Michel, 2004.

CLOUTIER Richard, FILION L., TIMMERMANS H., *Les parents se séparent… Pour mieux vivre la crise et aider son enfant*, Éditions du CHU, Sainte-Justine, 2001.

DEITS Bob, *Revivre après l'épreuve*, Éditions Quebecor, 1999.

DELIS Dean, PHILLIPS Cassandra, *Le paradoxe de la passion*, Robert Laffont, 1992.

DESROSIERS Hélène, SIMARD Micha, *Diversité et mouvance familiales durant la petite enfance*, Institut de la statistique du Québec, 2010.

DIONNE Frédérick et NEVEU Cristel, « La thérapie d'acceptation et d'engagement : une approche novatrice », *Psychologie Québec*, vol. 26, n° 6, 2009.

FALARDEAU Isabelle, *Sortir de l'indécision*, Septembre éditeur, 2007.

FISHER Bruce, *Après la rupture*, InterÉditions, 1995.

GOTTMAN John M., SILVER Nan, *Les couples heureux ont leurs secrets*, Jean-Claude Lattès, 2000.

HARRIS R., *Le piège du bonheur*, Éditions de l'Homme, 2009.

HOUDE Renée, *Les temps de la vie : le développement psychosocial de l'adulte*, 3e édition, Gaëtan Morin éditeur, 1999.

LAMARRE Mélanie, LUSSIER Yvan, « Conflits et ruptures conjugales : les psychologues se prononcent », *Psychologie Québec*, vol. 24, n° 1, 2007.

LANGIS Pierre, *Psychologie des relations intimes : L'amour et le couple*, 3e édition, Bayard Canada, 2005.

MÉJEAN Franck, *Le guide du divorce et de la séparation*, Marabout, 2005.

MARTIN Claude, *L'après-divorce*, Presses de l'université Laval, 1997.

MONBOURQUETTE Jean, *Grandir*, Novalis, Ottawa, 1994.

MONTENEGRO Xenia P., *The divorce experience : a study of divorce at midlife and beyond*, Knowledge Networks, 2004.

PAQUET Mélanie, « Quels sont les facteurs qui contribuent à l'ajustement des conjoints suite à leur divorce », essai non publié, 2000.

SAINT-JACQUES Marie-Christine, TURCOTTE Daniel, DRAPEAU Sylvie, CLOUTIER Richard, *Séparation, monoparentalité et recomposition familiale*, Presses de l'université Laval, 2004

SHEEHY Gail, *Les passages de la vie : Les crises prévisibles de l'âge adulte*, Éditions de Mortagne, 1982.

SIMARD Marie-Hélène, « La prévention du suicide », *in* site du Centre d'aide aux étudiants de l'université Laval,
[En ligne.] http://www.aide.ulaval.ca/sgc/pid/1076
(Page consultée le 30 décembre 2010.)

STATISTIQUE CANADA 2007, « Étude : Rupture conjugale et dépression subséquente », *in* site de Statistique Canada,
[En ligne.] http://www.statcan.gc.ca/daily-quotidien/070522/dp070522a-fra.htm (page consultée le 5 mai 2010.)

ST-PIER François, « Détrompez-vous sur l'infidélité ! », *Psychologie Québec*, vol. 26, n° 4, 2009.

THOMAS Chantal, *Souffrir*, Éditions Payot et Rivages, 2004.

YOUNG Jeffrey E., KLOSKO Janet S., *Je réinvente ma vie*, Éditions de l'Homme, 1995.

WRIGHT, John, *La survie du couple*, Le Jour, Montréal, 1990.

Adresses utiles

Médiation familiale en France et au Québec
http://www.mediation-familiale.org/media/Historique.asp

Ordre des psychologues du Québec
http://www.ordrepsy.qc.ca/

Société française de psychologie
http://www.sfpsy.org/

Violences conjugales
http://www.stop-violences-femmes.gouv.fr/

Prévention du suicide
http://www.preventionsuicide.be/

Composé par Sandrine Rénier

PEFC/10-31-1316

Achevé d'imprimer : Jouve, Mayenne
N° d'éditeur : 4296
N° d'imprimeur : 743272P
Dépôt légal : août 2011
Imprimé en France